请向黎明借道光

Please borrow a ray of light from dawn

1924泰戈尔中国行

子张 —— 编
[印度] 罗宾德罗纳特·泰戈尔 等 —— 著/绘

Tagore's visit to
China in 1924

北京时代华文书局

罗宾德罗纳特·泰戈尔（1861—1941）徐悲鸿绘

光辉涌进我的眼睛

目录

前言

泰戈尔（代序）

东方神驹：徐志摩热评泰戈尔

002 / 在中国受普遍的景仰

008 / 我们快乐极了

010 / 光明的神驹

013 / 待春回时节再来

016 / 信心和希望注入了心怀

018 / 中国年轻人爱戴他

020 / 泰谷尔定于三月中动身

022 / 没有力量形容初见他时的情绪

七城记：媒体聚焦泰戈尔

026 / 即将抵沪及太氏小史

029 / 戴着红帽，有银白的胡子

032 / 在上海的茶话会：互相切磋，择善而从
034 / 计划沿沪宁铁路游历苏州、南京
036 / 现出了最慈祥的笑容
039 / 冬去春来，诗兴极浓
042 / 得与大诗人相晤，胜读十年书
050 / 诗翁说辞很长，声音柔软
052 / 在杭州见飞来峰雕刻
056 / 由水道往南京去
058 / 他好比春天的阳光
060 / 在南京讲演一小时
062 / 太戈尔抵达济南
064 / 演说如美丽的歌唱
066 / 太戈尔抵达北京
069 / 欢迎者群拥而行
071 / 竭力提倡人类团结之精神
074 / 游北海并演说，听者莫不心醉
077 / 时闻寺钟暮鸣令人意远
079 / 泰戈尔游览御花园
081 / 与北京学生相见于先农坛
084 / 一国之诗绝对不能译成他国文字
086 / 诗中有画，画中有诗
089 / 泰戈尔之画系文人画
093 / 在清华讲演
094 / 梁启超新赠泰戈尔华名"竺震旦"
095 / 新月社同仁为泰戈尔做寿
098 / 在真光影戏院为北京青年第一次公开讲演
101 / 在真光影戏院为北京青年第二次公开讲演
104 / 在真光影戏院开最后之一次讲演会

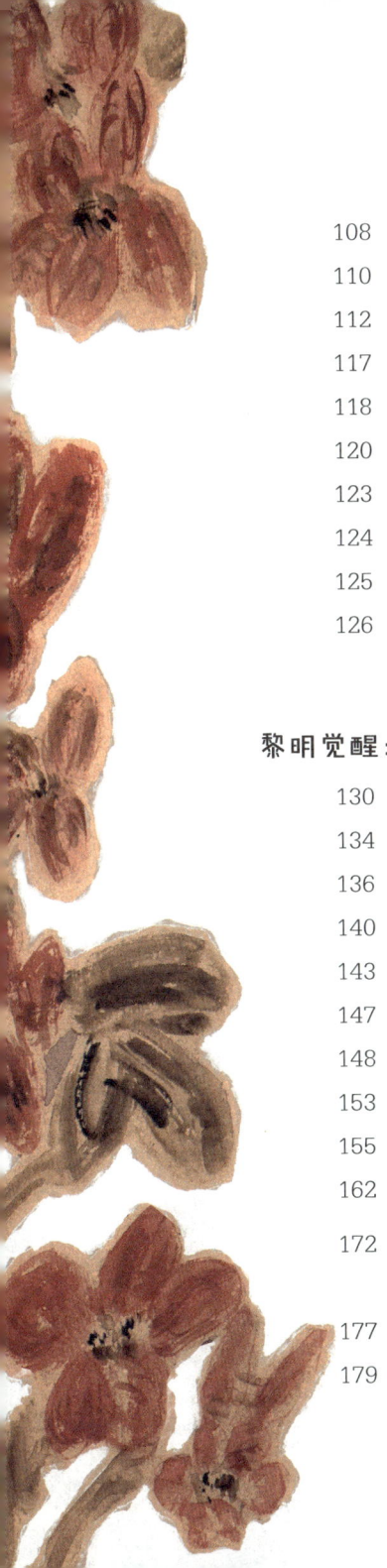

- 108 / 因身体不适，赴西山养疴
- 110 / "素思玛"致泰戈尔
- 112 / 乘坐京汉车出北京往汉口
- 117 / "竺震旦"安抵太原
- 118 / 泰戈尔先生之来晋系专诚而来
- 120 / 中印的文化关系发生较早
- 123 / 将由北京到湖北
- 124 / 一行今日到汉口
- 125 / 乘轮东下
- 126 / 希望造出一种新时代

黎明觉醒：泰戈尔的中国讲演

- 130 / 我相信你们有一个伟大的将来
- 134 / 人类可以从友爱上寻光明的路
- 136 / 爱的职务就在扫除一切的障碍
- 140 / 真的文明是给人类以生命的
- 143 / 稻粒能予人以生命的滋养
- 147 / 亚洲民族自具可贵固有的文明
- 148 / 让新时期黎明的曙光照耀亚洲吧
- 153 / 唯人道主义与普遍的爱可降予人间幸福
- 155 / 在这古文明的旧邦寻到了乡土的欢欣
- 162 / 爱这土地与爱这土地所生产的物品
- 172 / 凡人身体所有的十几种物质，都是这大物体世界里边所包括而有的同一物质
- 177 / 希望中印两国人士共谋发扬东方文化
- 179 / 最后的一次集会像一度奢侈的落日

悠悠此心：永恒的泰戈尔

190 / 悠悠此心，说不出的幽咽……………………………文/王统照
196 / 一瞻风采以为快……………………………………文/董凤鸣
200 / 东方的文明将于忍耐的黑暗之中显出他的清晨……文/记　者
203 / 当我们往来最亲密的时候…………………………文/梁启超
215 / 他的伴侣他的生命寄托……………………………文/顾惠人
221 / 这回带了一份极宝贵的礼物…………………………文/应
223 / 泰戈尔的小说实在是诗的小说………………………文/俞长源
226 / 可亲可爱的诗人，聪颖解人的文人，原来也是泰戈尔先生……
　　　　　………………………………………………………文/瑞　棠
230 / 泰戈尔最初最后只是一个诗人………………………文/江绍原
258 / 有一部分醉心物质文明的人下了无情的逐客令……文/济　人
260 / 泰戈尔非哲学家宗教家政治家………………………文/陆懋德
264 / 亚洲两诗人的墨迹……………………………………文/高　梧

266 / 若是今天有了志摩，一定是他第一个高兴（代跋）…文/陆小曼

前 言

泰氏在清华住的那几天——五月初那星期——,承清华学校曹云祥与张仲述两先生的好意替他安排得又舒服又安闲,他在他的忙碌的旅行期内总算受用了几天的清福,那是他近年来不常有的。他在那边随便与学生们谈论人生问题——自宗教至性恋,自性恋至财政,不仅听着的人实惠,讲的人不受形式的拘束也着实的愉快。那几番话不知道当时或是事后有人记下否(恩厚之只剪着几条断片,却始终不曾整理出来),如其有我盼望记下的诸君将来有机会发表,因为我虽则那几次都不在场,但听老人的口气似乎他自己以为与学生们的谈话是很投机的。

上面这段话,是诗人徐志摩在一九二四年七月二十六日——也就是他送走泰戈尔后到庐山避暑期间写下的,当时他刚刚把泰戈尔的《清华讲演》翻译出来,借着写"附述"回忆了两个月前泰戈尔住在清华学校内的一些事。所谓一些事,一是泰戈尔住清华期间"又舒服又安闲",二是"在那边随便与学生们谈论人生问题",而且谈话"很投机",不像在真光剧场讲演时受到某种非难那样不愉快。文中提到的曹云祥和张仲述,分别为当时清华学校的校长和教务长,张仲述就是戏剧家张彭春。

徐志摩这段貌似闲笔的文字,让我产生了寻踪探奇的好奇心,一番搜索之后,证实泰戈尔在清华与学生们谈论人生问题的"那几番话"事后确实"有人记下"——当然,记下来的那些话是不是就是全部的谈话,是不是"自宗教至性恋,自性恋至财政,不仅听着的人实惠,讲的人不受形式的拘束也着实的愉快"的话，不能十分确定，但最近托朋友帮忙在上海某校图书馆数字资源库下载的几篇文字，倒的确从不少侧面丰富了我从另一些旧报刊上抄录下来的泰戈尔在北京的记载，也就弥补了这些记载正好缺失的关于泰戈尔在京期间与清华学生的精神互动，实在太珍贵了。

朋友帮我下载的文字出自一九二四年的《清华周刊》，一篇是学生们对泰戈尔的访谈《与泰戈尔谈话记》，另一篇是泰戈尔离开清华后学生写的《泰戈尔先生去后》，分别记叙了泰戈尔和学生们私下交谈的六个话题和对泰戈尔清华之行意义的阐释。对六个话题，泰翁自然是一一作了回答。而在《泰戈尔先生去后》一文中，这位学生作者则如此表述泰戈尔清华之行的意义："他离开了清华之后，他的印象是会常时存留在我们的脑筋里。他对于我们的行动和思想，是有很大的影响，他会使得我们此次欢迎他的兴趣不但不渐渐消灭，并且引导我们到了一条新辟的大路上，使得我们心头上时时刻刻地记着他的话，向前行进。"之所以有这样的积极影响，由这位学生看来一是因为泰氏"伟大的人格"，二是泰戈尔给学生们带来的"努力去建设一个世界的文化"的重要使命。

看得出，学生们年纪尚轻，文笔尚稚嫩，但这恰恰留下了当时中国学生群体对泰戈尔旅华"传道"的真实感受或"接受态度"，恰恰是其他报刊记者大量文字记载中所缺少的。这种感受或"接受态度"既不同于梁启超、辜鸿铭、胡适、徐志摩、江绍原这些文化名流，也不同于陈独秀、瞿秋白、茅盾以及在泰戈尔演讲会上撒传单的反对者，尽管显得不够成熟与稳定，却也并不偏颇或别有心机。实际上，青年学生这个社会群体，正是令泰戈尔在华期间感觉最愉快的交往和谈话对象。他不止一次地表达过这种感受，譬如在南京东南大学演讲前他就一个人避开陪同人员,从一个孤亭走到在花丛藤架下坐着、站着、远远对着这位慈祥和蔼的老诗翁的年轻学生们面前,对他们说:"我很不愿意有人把我当作一位有名的人物看待,抬我到讲台上去作公众的演讲。我素来喜欢在露天的花间树下,像现在情景一样,同你们这般可爱的少年混在一起,随便提出什么谈话的资料,随便问,随便答,这样更有趣味。"

这个故事,出自当时东南大学一位学生写给《晨报副镌》编辑的信,由于视角和一般报纸记者不同,使得这封信就成了一篇有个性的纪实散文,不但记录了泰戈尔与东南大学学生们亲切的个别交谈,更是以极为诚恳的文笔写下了一个纯正的青年学生对泰戈尔发自内心的祝福。

好在泰戈尔此次旅行中国的七个城市,跟大中学校青年学生见面的机会还是多的,到访杭州、南京、济南、武汉基本上都是由当地教育部门或学校出面接待和安排演讲,前来听演讲的固然也有不同社会团体的人士,而主要还以青年学生为主。北京则除了清华,也还有北京大学等学校的学生聆听了泰戈尔的演讲。

徐志摩全程陪同。泰戈尔与他,是父与子的情谊。

一百年后,只要我们再次翻开蒙尘的旧报刊,翻到那些有景致、对话、温度和灵性的原始记载,一位温文尔雅的东方哲人与一群群纯真热情的青年学子彼此赤诚相见、投机倾谈的画面就会清晰地呈现在我们面前。

本书通过对一百年前珍贵文献史料的发掘,还原了印度大诗人泰戈尔 1924 年四十九天中国之行的现场,同时也把读者带回一百年前,借助当年国内各大媒体记者、众多文化名流和社会各界人士之眼,重新打量围绕泰戈尔来华中国文化界所进行的热烈讨论以及种种争议，相信对于今天关于中华文化复兴的议题也有重要的启示性。全书分为"东方神驹""七城记""黎明觉醒"和"悠悠此心"四辑，分别收录了泰戈尔来华前中国诗人徐志摩的相关言论与资讯，泰戈尔来华后在上海、杭州、南京、济南、北京、太原、武汉七个城市的活动报道，在不同场合的重要演讲与言论，以及中国文化界人物对泰戈尔来华的评说。为了便于阅读和更快了解文章主旨，对所收录文章原标题均作了调整。七个城市中，泰戈尔在北京的时间最长，对北京的印象也最深刻，不但在北京会见了溥仪、辜鸿铭、梁启超等重要人物，更是与清华、北大等学校的师生以及美术界、军政界、宗教界人士就亚洲文化的未来等问题作了广泛的讨论，还在北京过了六十四岁的生日，得到了梁启超为他取的中国名字"竺震旦"。这些文献，从不同侧面记述了泰戈尔来华的种种细节，特别是"七城记"和"悠悠此心"的内容多为首次结集出版，殊为难得。

一百年的时间不算多么长，可放在个体生命的历程中就不同了，不说世事的变迁，单就风俗和生活细节的改变，历史人物的浮沉，语言文字、书写习惯的革新，就足以让人产生隔代之感。拿本书收录的文献资料来说，就存在不少阅读方面的陌生感、疏离感，比如当年新闻报道和文章的文体特点、标点符号使用习惯，特别是文中涉及的一些人物、地理、历史的名称，对外国人名、地名不同的翻译，今天的读者自然会有些隔膜或不习惯，或许这是需要做些注解和说明的。

考虑到这些问题，本书编者在行文中以区别于正文字体加括号的形式尽可能做了解释，比如徐志摩《泰戈尔》一文中提及的"散拿吐瑾"一词，行文中是这样注解的："他差不多是靠散拿吐瑾（德国产补脑药品）过日的"；又比如徐志摩另一篇文章《在中国受普遍的景仰》

一文中提及的印度大诗人"加立大塞",行文中加了括号做出解释:"加立大塞Kalidasa(即迦梨陀娑,《沙恭达罗》的作者)"……诸如此类,不一而足。包括"泰戈尔"本人的名字,也存在不同文章中的不同写法,有的写作"泰戈尔",有的写作"太戈尔""泰谷尔""太谷尔"甚至"塔果尔",编者只能提醒读者朋友们阅读时注意辨析。

本书收入的新闻报道或报刊文章,有的有署名,有的则没有;有的作者当时、现在都堪称名人,如梁启超、徐志摩、胡适,有的作者则因为专业、界别不同等缘故,今天似乎已不那么有名了,如当时出面接待泰戈尔的文学研究会作家王统照(字剑三)、瞿菊农(原名世英),当时北京大学著名的比较宗教史学家江绍原,以及诗人徐志摩的妻子陆小曼……至于一般作者,就不作特别说明了。另外,录自旧报刊的文献资料,个别字迹漫漶不清处以□替代,也请读者注意。

承陈雪春女士盛情相约,遂有此编,又承她美意,以泰戈尔原创画作多幅为本书增色。另外,俞长源先生的后人,泰戈尔《让新时期黎明的曙光照耀亚洲吧》一文的译者白开元先生,以及董宁文、陈丙杰先生以不同方式对本书编者给予支持,在此一并表示诚挚的感谢!

谨以本书纪念伟大的泰戈尔中国之行一百周年。

子张

2023年11月28日,杭州朝晖楼

阳光射到我的脸上

泰戈尔（代序）

徐志摩

我有几句话想趁这个机会对诸君讲，不知道你们有没有耐心听。泰戈尔先生快走了，在几天内他就离别北京，在一两个星期内他就告辞中国。他这一去大约是不会再来的了。也许他永远不能再到中国。

他是六七十岁的老人，他非但身体不强健，他并且是有病的。去年秋天他还发了一次很重的骨痛热病。所以他要到中国来，不但他的家属、他的亲戚朋友、他的医生，都不愿意他冒险，就是他欧洲的朋友，比如法国的罗曼·罗兰，也都有信去劝阻他。他自己也曾经踌躇了好久，他心里常常盘算他如其到中国来，他究竟能不能够给我们好处，他想：中国人自有他们的诗人、思想家、教育家，他们有他们的智慧、天才、心智的财富与营养，他们更用不着外来的补助与戟刺，我（指泰戈尔，下同）只是一个诗人，我没有宗教家的福音，没有哲学家的理论，更没有科学家实利的效用，或是工程师建设的才能，他们要我去做什么，我自己又为什么要去，我有什么礼物带去满足他们的盼望。他真的很觉得迟疑，所以他延迟了他的行期。但是他也对我们说道，冬天完了春风吹动的时候（印度的春风比我们的吹得早），他不由得感觉到一种内迫的冲动，他面对着逐渐滋长的青草与鲜花，不由得抛弃了、忘却了他应尽的职务，不由得解放了他的歌唱的本能，和着新来的鸣雀，在柔软的南风中开怀地讴吟，同时他收到我们催请的信，我们青年盼望他的诚意与热心，唤起了老人的勇气。他立即定夺了他东来的决心。他说趁我暮年的肢体不曾僵透，趁我衰老的心灵还能感受，决不可错过这最后唯一的机会，这博大、从容、礼让的民族，我幼年时便发心朝拜，与其将来在黄昏寂静的境界中萎衰的惆怅，何如利用这夕阳未暝时的光芒，了却我进香人的心愿？

他所以决意地东来，他不顾亲友的劝阻、医生的警告，不顾他自身的高年与病体，他也撇开了在本国一切的任务，跋涉了万里的海程，他来到了中国。

自从四月十二在上海登岸以来，可怜老人不曾有过一半天完整的休息，旅行的劳顿不必说，单就公开的演讲以及较小集会时的谈话，至少也有了三四十次！他的，我们知道，不是教授们的讲义，不是教士们的讲道，他的心府不是堆积货品的栈房，他的辞令不是教科书的喇叭。他是灵活的泉水，一颗颗颤动的圆珠从他心里兢兢地泛登水面都是生命的精液；他是瀑布的吼声，在白云间、青林中、石罅里，不住地啸声；他是百灵的歌声，他的欢欣、愤慨、响亮的谐音，弥漫在无际的晴空。但是他是倦了。终夜的狂歌已经耗尽了子规的精力，东方的曙色亦照出他点点的心血，染红了蔷薇枝上的白露。

老人是疲乏了。这几天他睡眠也不得安宁，他已经透支了他有限的精力。他差不多是靠散拿吐瑾（德国产补脑药品）过日的，他不由得不感觉风尘的厌倦，他时常想念他少年时在恒河边沿拍浮的清福，他想望椰树的清荫与曼果的甜瓤。

但他还不仅是身体的惫劳，他也感觉心境的不舒畅。这是很不幸的。我们做主人的只是深深地负歉。他这次来华，不为游历，不为政治，更不为私人的利益，他熬着高年、冒着病体，抛弃自身的事业，备尝行旅的辛苦，他究竟为的是什么？他为的只是一点看不见的情感！说远一点，他的使命是在修补中国与印度两民族间中断千余年的桥梁；说近一点，他只想感召我们青年真挚的同情。因为他是信仰生命的，他是尊崇青年的，他是歌颂青春与清晨的，他永远指点着前途的光明。悲悯是当初释迦牟尼证果的动机，悲悯也是泰戈尔先生不辞艰苦的动机。现代的文明只是骇人的浪费，贪淫与残暴，自私与自大，相猜与相忌，飓风似的倾覆了人道的平衡，产生了巨大的毁灭。芜秽的心田里只是误解的蔓草，毒害同情的种子，更没有收成的希冀。在这个荒惨的境地里，难得有少数的丈夫，不怕阻难，不自馁怯，肩上扛着铲除误解的大锄，口袋里满装着新鲜人道的种子，不问天时是阴是雨是晴，不问是早晨是黄昏是黑夜，他只是努力地工作，清理一方泥土，施殖一方生命，同时口唱着嘹亮的新歌，鼓舞在黑暗中将次透露的萌芽。泰戈尔先生就是这少数中的一个。他是来广布同情的，他是来消除成见的。我们亲眼见过他慈祥的阳春似的表情，亲耳听过他从心底里迸裂出的大声，我想只要我们的良心不曾受恶毒的烟煤熏黑，或是被恶浊的偏见污抹，谁不曾感觉他至诚的力量，魔术似的，为我们生命的前途开辟了一个神奇的境界，燃点了理想的光明？所以我们也懂得他的深刻的懊怅与失望，如其他知道部分的青年不但不能容纳他的灵感，并且成心地诬毁他的热忱。我们固然奖励思想的独立，但我们决不敢附和误解的自由。他生平最满意的成绩就在他永远能赢得青年的同情，不论在德国，在丹麦，在美国，在日本，青年永远是他最忠心的朋友。他也曾经遭受种种的误解与攻击，政府的猜疑、报纸的诬毁与守旧派的讥评，不论如何的谬妄与剧烈，从不曾扰动他优容的大量。他的希望、他的信仰、他的爱心、他的至诚，完全地托付青年。我（泰戈尔）的须、我的发是白的，但我的心却永远是年轻的，他常常地对我们说，只要青年是我的知己，我理想的将来就有着落，我乐观的明灯永远不致暗淡。他不能相信纯洁的青年也会堕落在怀疑、猜忌、卑琐的泥潭。他更不能信中国的青年也会沾染不幸的污点。他真不预备在中国遭受意外的待遇。他很不自在，他很感觉异样的怆心。

因此，精神的懊丧更加重他躯体的倦劳。他差不多是病了。我们当然很焦急地期望他的健康，但他再没有心境继续他的讲演。我们恐怕今天就是他在北京公开讲演最后的一个机会。他有休养的必要。我们也决不忍再使他耗费他有限的精力。他不久又有长途的跋涉，他不能不有三四天完全的养息。所以从今天起，所有已经约定的集会，公开的与私人的，一概撤销，他今天就出城去静养。

我们关切他的一定可以原谅，就是一小部分不愿意他来做客的诸君也可以自喜战略的成功。他是病了，他在北京不再开口了，他快走了，他从此不再来了。但是同学们，我们也得平心地想想，老人到底有什么罪，他有什么负心，他有什么不可容赦的犯案？公道是死了吗，为什么听不见你的声音？

他们说他是守旧，说他是顽固，我们能相信吗？他们说他是"太迟"，说他是"不合时宜"，我们能相信吗？他自己是不能信，真的不能信。他说这一定是滑稽家的反调。他一生所遭逢的批评只是太新、太早、太急进、太激烈、太革命的、太理想的，他六十年的生涯只是不断地奋斗与冲锋，他现在还只是冲锋与奋斗。但是他们说他是守旧、太迟、太老。他顽固奋斗的对象只是暴烈主义、资本主义、帝国主义、武力主义、杀灭性灵的物质主义；他主张的只是创造的生活、心灵的自由、国际的和平、教育的改造、普爱的实现。但他们说他是帝国政策的间谍、资本主义的助力、亡国奴族的流民、提倡裹脚的狂人！肮脏是在我们的政客与暴徒的心里，与我们的诗人又有什么关联？昏乱是在我们冒名的学者与文人的脑里，与我们的诗人又有什么亲属？我们何妨说太阳是黑的，我们何妨说苍蝇是真理？同学们，听信我的话，像他的这样伟大的声音我们也许一辈子再不会听着的了。留神目前的机会，预防将来的惆怅！他的人格我们只能到历史上去搜寻比拟。他的博大的、温柔的灵魂我敢说永远是人类记忆里的一次灵迹。他的无边际的想象与辽阔的同情使我们想起惠德曼（即美国诗人惠特曼）；他的博爱的福音与宣传的热心使我们记起托尔斯泰；他的坚韧的意志与艺术的天才使我们想起造摩西像的米开朗琪罗；他的诙谐与智慧使我们想象当年的苏格拉底与老聃；他的人格的和谐与优美使我们想念暮年的葛德（即德国诗人歌德）；他的慈祥的纯爱的抚摩、他的为人道不厌的努力，他的磅礴的大声，有时竟使我们唤起救主的心像，他的光彩、他的音乐、他的雄伟，使我们想念奥林匹克山顶的大神。他是不可侵凌的、不可逾越的，他是自然界的一个神秘的现象。他是三春和暖的南风，惊醒树枝上的新芽，增添处女颊上的红晕。他是普照的阳光。他是一派浩瀚的大水，来自不可追寻渊源，在大地的怀抱中终古地流着，不息地流着，我们只是两岸的居民，凭借这慈恩的天赋，灌溉我们的田稻，疏解我们的消渴，洗净我们的污垢。他是喜马拉雅积雪的山峰，一般的崇高、一般的纯洁、一般的壮丽、一般的高傲，只有无限的青天枕藉他银白的头颅。

人格是一个不可错误的实在。荒歉是一件大事，但我们是饿惯了的，只认鸠形与鹄面是人生本来的面目，永远忘却了真健康的颜色与彩泽。标准的降低是一种可耻的堕落；我们只是踞坐在井底的青蛙，但我们更没有怀疑的余地。我们也许揣详东方的初白，却不能非议中天的太阳。我们也许见惯了阴霾的天时，不耐这热烈的光焰，消散天空的云雾，暴露地面的荒芜，但同时在我们心灵的深处，我们岂不也感觉一个新鲜的影响，催促我们生命的跳动，唤醒潜在的想望，仿佛是武士望见了前峰烽烟的信号，更不踌躇地奋勇向前？只有接近了这样超逸的纯粹的丈夫，这样不可错误的实在，我们方始相形地自愧我们的口不够阔大、我们的嗓音不够响亮、我们的呼吸不够深长、我们的信仰不够坚定、我们的理想不够滢澈、我们的自由不够磅礴、我们的语言不够明白、我们的情感不够热烈、我们的努力不够勇猛、我们的资本不够充实……

我自信我不是恣滥不切事理的崇拜，我如其曾经应用浓烈的文字，这是因为我不能自制我浓烈的感想。但我最急切要声明的是，我们的诗人，虽则常常招受神秘的徽号，在事实上却是最清明、最有趣、最诙谐、最不神秘的生灵。他是最通达人情、最近人情的。我盼望有机会追写他日常的生活与谈话。如其我是犯嫌疑的，如其我也是性近神秘的（有好多朋友这么说），你们还有适之（即胡适）先生的见证，他也说他（泰戈尔）是最可爱、最可亲的个人；我们可以相信适之先生绝对没有"性近神秘"的嫌疑！所以无论他怎样的伟大与深厚，我们的诗人还只是有骨有血的人，不是野人，也不是天神。唯其是人，尤其是最富情感的人，所以他到处要求人道的温暖与安慰，他尤其要我们中国青年的同情与情爱。他已经为我们尽了责任，我们不应，更不忍辜负他的期望。同学们，爱你的爱，崇拜你的崇拜，是人情不是罪孽，是勇敢不是懦怯！

十二日在真光讲

（录自《晨报副镌》，1924年5月19日。）

东方神驹
徐志摩热评泰戈尔

他是个诗人,尤其是一个男子、一个纯粹的人;他最伟大的作品就是他的人格。

在中国受普遍的景仰

太戈尔在中国，不仅已得普遍的知名，竟是受普遍的景仰。问他爱念谁的英文诗，十余岁的小学生，就自信不疑地答说太戈尔。在新诗界中，除了几位最有名神形毕肖的太戈尔的私淑弟子以外，十首作品里至少有八九首是受他直接或间接的影响的。这是很可惊的状况，一个外国的诗人，能有这样普及的引力。

现在他快到中国来了，在他青年的崇拜者听了，不消说，当然是最可喜的消息，他们不仅天天竖耳企踵地在盼望，就是他们梦里的颜色，我猜想，也一定多增了几分妩媚。现世界是个堕落沉寂的世界；我们往常要求一二伟大圣洁的人格，给我们精神的慰安时，每每不得已上溯已往的历史，与神化的学士艺才，结想象的因缘。哲士、诗人与艺术家，代表一民族一时代特具的天才；可怜华族，千年来只在精神穷窭中度活，真生命只是个追忆不全的梦境，真人格亦只似昏夜池水里的花草映影，在有无虚实之间。谁不想念春秋战国才智之盛，谁不永慕屈子之悲歌、司马之大声、李白之仙音；谁不长念庄生之逍遥、东坡之风流、渊明之冲淡？我每想及过去的光荣，不禁疑问现时人荒心死的现象，莫非是噩梦的虚景，否则何以我们民族的灵海中，曾经有过偌大的潮迹，如今何至于沉寂如此？孔陵前子贡手植的楷树，圣庙中孔子手植的桧树，如其传话是可信的，过了两千几百年，经了几度的灾劫，到现在还不时有新枝从旧根上生发；我们华族天才的活力，难道还不如此桧此楷？

什么是自由？自由是不绝的心灵活动之表现。斯拉夫民族自开国起直至十九世纪中期，只是个庞大喑哑在无光的空气中苟活的怪物，但近六七十年来天才累出、突发大声，不但惊醒了自身，并且惊醒了所有迷梦的邻居。斯拉夫伟奥可怖的灵魂之发现，是百年来人类史上最伟大的一件事迹。华族往往以睡狮自比，这又泄漏我们想象力之堕落；期望一民族回复或取得吃人噬兽的暴力者，只是最下流"富国强兵教"的信徒，我们希望以后文化的意义与人类的目的明定以后，这类的谬见可以渐渐地销匿。

精神的自由，决不有待于政治或经济或社会制度之妥协。我们且看印度。印度不是我们所谓已亡之国吗？我们常以印度、朝鲜、波兰并称，以为亡国的前例。我敢说我们见了印度人，不是发心怜悯，是意存鄙蔑（我想印度是最受一般人误解的民族，虽则同在亚洲；大部分人以为印度人与马路上的红头阿三是一样同样的东西！）就政治看来，说我们比他们比较的有自由，这话勉强还可以说。但要论精神的自由，我们只似从前的俄国，是个庞大喑哑在无光的气圈中苟活的怪物，他们（印度）却有心灵活动的成绩，证明他们表面政治的奴缚非但不曾压倒，而且激动了他们潜伏的天才。在这时期他们连出了一个宗教性质的政治领袖——甘地——一个实行的托尔斯泰；两个大诗人，加立大塞 Kalidasa（即迦梨陀娑，《沙恭达罗》的作者）与太戈尔。单是甘地与太戈尔的名字，就是印度民族不死的铁证。

东方人能以人格与作为，取得普通的崇拜与荣名者，不出在"国富兵强"的日本，不出在政权独立的中国，而出于亡国民族之印度——

这不是应发人猛省的事实吗？

太戈尔在世界文学中，究占如何位置，我们此时还不能定，他的诗是否可算独立的贡献，他的思想是否可以代表印族复兴之潜流，他的哲学（如其他有哲学）是否有独到的境界——这些问题，我们没有回答的能力。但有一事我们敢断言肯定的，就是他不朽的人格。他的诗歌、他的思想、他的一切，都有遭遗忘与失时之可能，但他一生热奋的生涯所养成的人格，却是我们不易磨翳的纪念。[太戈尔生平的经过，我总觉得非是东方的，也许印度原不能算东方（陈寅恪君在海外常常大放厥词，辩印度之为非东方的。）]所以他这回来华，我个人最大的盼望，不在他更推广他诗艺的影响，不在传说他宗教的哲学的乃至于玄学的思想，而在他可爱的人格，给我们见得到他的青年，一个伟大深入的神感。他一生所走的路，正是我们现代努力于文艺的青年不可免的方向。他一生只是个不断地热烈地努力，向内开豁他天赋的才智，自然吸收应有的营养。他境遇虽则一流顺利，但物质生活的平易，并不反射他精神生活之不艰险。我们知道诗人艺术家的生活，集中在外人捉摸不到的内心境界。历史上也许有大名人一生不受物质的苦难，但决没有不经心灵界的狂风暴雨与沉郁黑暗时期者。葛德是一生不愁衣食的明显的例子，但他在七十六岁那年对他的友人说他一生不曾有过四星期的幸福，一生只是在烦恼痛苦劳力中。太戈尔是东方的一个明显的例子，他的伤痕也都在奥秘的灵府中的。

我们所以加倍地欢迎太戈尔来华，因为他那高超和谐的人格，可以给我们不可计量的慰安，可以开发我们原来瘀塞的心灵泉源，可以指示我们努力的方向与标准，可以纠正现代狂放恣纵的反常行为，可以摩挲我们想见古人的忧心，可以消平我们过渡时期张皇的意气，可以使我们扩大同情与爱心，可以引导我们入完全的梦境。

如其一时期的问题，可以综合成一个现代的问题，就只是"怎样做一个人？"太戈尔在与我们所处相仿的境地中，已经很高尚地解决了他个人的问题，所以他是我们的导师、榜样。

他是个诗人，尤其是一个男子、一个纯粹的人；他最伟大的作品就是他的人格。这话是极普通的话，我所以要在此重复地说，为的是怕误解。人不怕受人崇拜，但最怕受误解的崇拜。葛德说，最使人难受的是无意识的崇拜。太戈尔自己也常说及。他最初最后只是个诗人——艺术家如其你愿意——他即使有宗教的或哲理的思想，也只是他诗心偶然的流露，决不为哲学家谈哲学，或为宗教而训宗教的。有人喜欢拿他的思想比这个那个西洋的哲学，以为他是表现东方一部的时代精神与西方合流的；或是研究他究竟有几分的耶稣教，几分是印度教。——这类的比较学也许在性质偏爱的人觉得有意思，但于太戈尔之为太戈尔，是绝对无所发明的。譬如有人见了他在山氏尼开顿（Santiniketan）学校里所用的晨祷：

> Thou are our Father. Do you help us to know Thee as Father. We bow down to Thee. Do thou never afflict us, O Father, by causing a separation between Thee and us. O thou self-revealing One, O Thou Parent of the universe, purge away the multitude of our sins, and send unto us whatever is good and noble. To Thee, from whom spring joy and goodness, nay who art all goodness thyself, to Thee we bow down now and forever.
>
> （您是我们的天父。请您帮助我们了解您。我们向您致敬。哦天父，请您不要把我们和您分开，让我们遭受痛苦。哦自我揭示者，哦宇宙之父，请荡涤我们的罪，赐予我们善良与高尚。幸福与善来源于您，不，您就是至善，我们向您永远致敬。）

耶教人见了这段祷告一定拉本家，说太戈尔准是皈依基督的，但回头又听见他们的晚祷：

The Deity who is in fire and water, nay, who pervades the Universe through and through, and makes His abode in tiny plants and towering forests to such a Deity we bow down forever & ever.

（火中与水中的神，不，充斥了全宇宙，并居住在细小的植物和高大的森林中的神——我们向这样的一个神永远致敬。）

这不是最明显的泛神论吗？这里也许有 Lucretius（卢克莱修），也许有 Spinoza（斯宾诺莎），也许有 Upanishads（《奥义书》），但决不是天父云云的一神教，谁都看得出来。回头在揭檀迦利（通译《吉檀迦利》）的诗里，又发现什么 Lia 既不是耶教的，又不是泛神论。结果把一般专好拿封条拿题签来支配一切，绝对地糊涂住了，他们一看这事不易办，就说太戈尔的宗教思想不彻底，等等。实际上唯一的解释是太戈尔是诗人，不是宗教家。也不是专门的哲学家。管他神是一个或是两个或是无数或是没有，诗人的标准，只是诗的境界之真；在一般人看来是不相容纳的冲突（因为他们只见字面），他看来只是一体的谐和（因为他能超文字而悟实在）。

同样的在哲理方面，也就有人分别研究，说他的人格论是近于讹的，说他的艺术论是受讹影响的……这也是劳而无功的。自从有了大学教授以来，尤其是美国的教授，学生忙的是：比较哲学、比较宪法学、比较人种学、比较宗教学、比较教育学，比较这样，比较那样，结果他们竟想把最高粹的思想艺术，也用比较的方法来研究——我看倒不如来一门比较大学教授学还有趣些！

思想之不是糟粕，艺术之不是凡品，就在他们本身有完全、独立、纯粹不可分析的性质。类不同便没有可比较性，拿西洋现成的宗教哲学的派别去比凑一个创造的艺术家，犹之拿唐采芝或王玉峰去比附真纯创造的音乐家一样的可笑，一样的隔着靴子搔痒。

东方神驹

我们只要能够体会太戈尔诗化中人格,与领略他满充人格的诗文,已经尽够的了,此外的事自有专门的书呆子去顾管,不劳我们费心。

我乘便又想起一件事。一九一三年太戈尔被选得诺贝尔奖的电报到印度时,印度人听了立即发疯一般的狂喜,满街上小孩大人一齐欢呼庆祝,但诗人在家里,非但不乐,而且叹道:"我从此没有安闲日子过了!"接着下年英政府又封他为爵士,从此,真的,他不曾有过安闲时日。他的山氏尼开顿竟变了朝拜的中心,他出游欧美时,到处受无上的欢迎,瑞典、丹麦几处学生,好像都为他举行火把会与提灯会,在德国听他讲演的往往累万,美国招待他的盛况,恐怕不在英国皇太子之下。但这是诗人所心愿的幸福吗?固然我不敢说诗人便能完全免除虚荣心,但这类群众的轰动,大部分只是葛德所谓无意识的崇拜,真诗人决不会艳羡的。最可厌是西洋一般社交太太们,她们的宗教照例是英雄崇拜;英雄愈新奇,她们愈乐意,太戈尔那样的道貌岸然、宽袍布帽,当然加倍地搔痒了她们的好奇心,大家要来和这远东的诗圣握握手,亲热亲热,说几句照例的肉麻话……这是近代享盛名的一点小报应,我想性情恬淡的太戈尔先生,临到这种情形,真也是说不出的苦。据他的英友恩厚之 (L.K.Elmhirst) 告诉我们说他近来愈发厌烦嘈杂了,又且他身体也不十分能耐劳,但他就使不愿意却也很少显示于外,所以他这次来华,虽则不致受社交太太们之窘,但我们有机会瞻仰他言论丰采的人,应该格外地体谅他,谈论时不过分去劳乏他,演讲能节省处节省,使他和我们能如家人一般地相与,能如在家乡一般的舒服,那才对得(起)他高年跋涉的一番至意。

七月六日

(原载 1923 年 9 月 10 日《小说月报》第 14 卷第 9 号,录自《徐志摩全集》第 2 卷,商务印书馆,2019。)

我们快乐极了

泰戈尔先生：

您准备十月来华，我们快乐极了。这次改期对我们十分合适，因为学校在十月左右都会开课了。唯一不妥的是天气。北京的冬天和印度的很有差别，虽然同样的令人愉快。您来时当然要带备全副冬装才好。我们将在您居住的地方适当地装上暖气。

我已答应了讲学社，在您逗留中国期间充任您的旅伴和翻译。我认为这是一个莫大的殊荣。虽然自知力薄能渺，但我却因有幸获此良机，得以随侍世上一位伟大无比的人物而难禁内心的欢欣雀跃。

我算是替您作讲台翻译的人。但要为一个伟大诗人作翻译，这是何等的僭妄！这件事若是能做得好，人也可以试把尼亚格拉（通译为尼亚加拉）大瀑布的澎湃激越或夜莺的热情歌唱，移译为文字了！还有比这更艰难的工作或更不切实际的企图吗？不过安排总是要做一点的，因为来瞻仰您丰采的听众不容易听懂英语。您能明白其中的困难的，是不是？人家告诉我，您通常在演说之前把讲稿拟好。要是我所闻不差而您又体谅我的浅陋，盼望能把预备了向我国听众演说的讲稿寄一份来，这样我的工作就不致太困难了。我会把讲词先译成中文，那么即使在您演讲中我无能传送原文美妙动人的神韵，至少也可以做到表达清楚流畅的地步。

东方神驹

我算是替您作讲台翻译的人。但要为一个伟大诗人作翻译这是何等的僭妄！这件事若是能做得好，人也可以试把尼亚格拉大瀑布的澎湃激越或夜莺的热情歌唱，移译为文字了！

盼早获复音。此候健康。

徐志摩敬启

1923年7月26日

北京石虎胡同七号

松坡图书馆

注：这是徐志摩给泰戈尔的第一封信。

光明的神驹

振铎来信要我在《小说月报》的"太戈尔号"上说几句话。我也曾答应了,但这一时游济南、游泰山、游孔陵,太乐了,一时竟拉不拢心思来做整篇的文字,一直挨到现在期限快到,只得勉强坐下来,把我想得到的话不整齐地写出。

我们在泰山顶上看出太阳。在航过海的人,看太阳从地平线下爬上来,本不是奇事;而且我个人是曾饱饫过江海与印度洋无比的日彩的。但在高山顶上看日出,尤其在泰山顶上,我们无魇的好奇心,当然盼望一种特异的境界,与平原或海上不同的。果然,我们初起时,天还暗沉沉的,西方是一片的铁青,东方些微有些白意,宇宙只是——如用旧词形容——一体莽莽苍苍的。但这是我一面感觉劲烈的晓寒,一面睡眠不曾十分醒豁时的约略的印象。等到留心回览时,我不由得大声地狂叫——因为眼前只是一个见所未见的境界。原来昨夜整夜暴风的工程,却砌成一座普遍的云海。除了日观峰与我们所在的玉皇顶以外,东西南北只是平铺着弥漫的云气,在朝旭未露前,宛似无量数厚毳长绒的绵羊,交颈接背地眠着,卷耳与弯角都依稀辨认得出。那时候在这茫茫的云海中,我独自站在雾霭溟濛的小岛上,发生了奇异的幻想——

我躯体无限地长大,脚下的山峦比例我的身量,只是一块拳石;

东方神驹

这巨人披着散发,长发在风里像一面墨色的大旗,飒飒地在飘荡。这巨人竖立在大地的顶尖上,仰面向着东方,平拓着一双长臂,在盼望,在迎接,在催促,在默默地叫唤;在崇拜,在祈祷,在流泪——在流久慕未见而将见悲喜交互的热泪……

这泪不是空流的,这默祷不是不生显应的。

巨人的手,指向着东方——

东方有的,在展露的,是什么?

东方有的是瑰丽荣华的色彩,东方有的是伟大普照的光明——出现了,到了,在这里了……

玫瑰汁、葡萄浆、紫荆液、玛瑙精、霜枫叶——大量的染工,在层累的云底工作;无数蜿蜒的鱼龙,爬进了苍白色的云堆。

一方的异彩,揭去了满天的睡意,唤醒了四隅的明霞——光明的神驹,在热奋地驰骋……

云海也活了;眠熟了兽形的涛澜,又回复了伟大的呼啸,昂头摇尾地向着我们朝露染青馒形的小岛冲洗,激起了四岸的水沫浪花,震荡着这生命的浮礁,似在报告光明与欢欣之临在……

再看东方——海句力士(希腊神话中的大力神,或译为海格力斯)已经扫荡了他的阻碍,雀屏似的金霞,从无垠的肩上产生,展开在大地的边沿。起……起……用力,用力,纯焰的圆颅,一探再探地跃出了地平,翻登了云背,临照在天空……

歌唱呀,赞美呀,这是东方之复活,这是光明的胜利……

散发祷祝的巨人,他的身彩横亘在无边的云海上,已经渐渐地消翳在普遍的欢欣里;现在他雄浑的、颂美的歌声,也已在霞彩变幻中,普澈了四方八隅……

听呀,这普澈的欢声;看呀,这普照的光明!

这是我此时回忆泰山日出时的幻想,亦是我想望太戈尔来华的颂词。

(原载1923年9月10日《小说月报》第14卷第9号,署名志摩。录自《徐志摩全集》第2卷,商务印书馆,2019。)

待春回时节再来

泰戈尔来华时期,至今未明。前据日本方面消息,已得其确定期春三月,唯讲谈社并未接到泰戈尔来信,故外间又有传其本月内可到者。本报昨得徐志摩来信述泰戈尔改期原因甚详,特将原函录左:

渊泉吾兄

方才我收到泰戈尔九月四日从加尔各答来的信说要到明年二月中或二月底方能动身到中国来,来信简译如下:

徐君:

来信收到,感甚且喜。余本期早日来华,不意到加尔各答后,余与子皆得骨痛热病(Dengue Fever),以致原定计划不能实行。今幸我二人皆已痊可,本当就道,但念转瞬寒冬,不如竟待春回时节,再来中国,今定明年二月中或二月底离印,约三月间定可与贵邦人士相叙,迁延之愆,尚希鉴宥。如此时日既宽,我亦可以从容准备讲义,当如君议先行寄华。俾可译成华文,以便听众。

恩厚之君(Mr.Elmhirst)来信,为言彼来华时备承渥待,及贵邦人士对印度之情感,使我来华之心愈切,明春来时,欣慰可知。

华友多有来信欢迎者,希君转致谢意,君盛情尤感。

此颂安健。

Rabindranath Tagore

鲁平德拉那士 · 泰戈尔

这封久盼的信，隔了四十六七天，从天津转北京，北京转碛石。碛石又转杭州，方才到了收信人的手里！我给他的信，是七月底从南开大学寄的，所以他的回信也寄到天津，差一点寄不到。这次泰氏来华的消息，早已传遍全国，我现在趁便说一说经过的大概，免得一部分人的误会。最先他的朋友英人恩厚之到北京来，说泰氏自愿来华，只要此方担负旅费。因此讲学社就寄了路费给他，盼望他八月间能来，后来他来了一个电报，说十月来华；最近他的友人安德罗氏（Andrews）来信，说他在加尔各答得了热病不能如期来华。以上各节，已经《晨报》登过，但最近还有人以为泰氏是中国出了钱特请来华讲学的——这是误会——所以我又在此声明。

我们这一时，正在踌躇他的来不来。我个人承讲学社的请托，要我等他来时照应他，所以益发地不放心。因为泰氏已经是六十以外老人，他的友人再三地嘱咐我们说他近来身体不健，夏间又病了好一时，不能过分的任劳，他又比不得杜威与罗素早晚有细心的太太跟着伺候（杜里舒虽则也有太太，但他的胖太太，与其说起伺候老爷，不如说杜老爷伺候她！），他来时是独立的——所以伺候这位老先生的责任，整个地落在我们招待他的身上，印度人又是不惯冷的，所以他如其冷天来，我们也得加倍地当（担）心。老实说，我是被罗素那场大病的前例吓坏了！

现在好了，他今年冬天不来了，等到明春暖了再来。在他便，在我们也便，真是两便。

而且除了招待的便利还有一样好处，泰氏说他要利用延期的时间来写他要对我们说的话，我们也正好利用这半年工夫来准备听他的使命，受他的灵感，我们既然知道含糊的崇拜是不对的，我们就应得尽相当的心力去研究他的作品、了解他的思想、领会他的艺术！现在正是绝好机会。他到中国来一次，不是一件容易随便的事，他的使命，世界上没有第二个人可以替代。我们当前有这样一个难得的机会，我们可以从他的伟大、谐和、美的人格里，得到古印度与今印度文化的灵感，同时也要使他在我们青年的身上，得到一个伟大民族觉悟了的精神与发展方向，这才不负他爱敬我们的至诚、他不惜高年跋涉的一番盛意。

　　这是我们的责任，是凡是曾经直接或间接从他的诗文里得到益处，或是仰慕他的对他同等负担的责任，已经多少能够了解他的，应得当仁不让地出来对心愿而未能的、尽一种解释指导的责任。因为泰氏到中国来，是来看中国与中国的民族，不是为部分或少数人来的，除非我们挥着手、摇着头说："我不知泰戈尔是什么，我也不愿意来知道他是什么，或是我知道他是什么会（回）事，但是我不喜欢他，我以为他到中国来是不应该的，即使他自己要来中国也应得拒绝他的。"除非我们取上列的态度，我们就得趁这个时候尽相当的心力来研究他、认识他、了解他，预备他来时欢迎他、爱护他，那才不负他远渡万里的辛苦，那才可以免了迎神赛会的陋习。还有一两句，我趁便要说旁人的话。尤其是泰戈尔的话，差不多像秋叶的颜色一样，没有法子翻译得像的。他演讲的习惯，是做成了文章拿到台上去念。谁也没有大胆，凭空来口译他这类的讲演！至少我是不敢的，所以我想了一个办法，也许可以实行。他正式的讲演，至多不过六次或八次。我要他先寄稿子，预先译好了，等他讲演时，连着原文一道油印好了分给听众，那时我们可以免了粗陋翻译的麻烦，可以不间断地领会他的清风鸟鸣似的音调！还有泰氏最喜人演他的戏，我很盼望爱他的戏剧的同志，也应得趁这个机会努力一下！

志摩
（一九二三年）十月二十一日西湖

（原载 1923 年 10 月 28 日《晨报》第 6 版。）

信心和希望注入了心怀

泰戈尔先生台鉴：

现在已是圣诞佳节了，我早就应该给您写信。但我们这些"天朝人士"的疲懒恶习是尽人皆知的，我在这些方面的疏惰，当内省之际，有时连自己都会大吃一惊。有一位英国友人去年一月写信给我说，他若要等到年底才收到我的复信，他也不会感到惊奇！他知道我的习性。您很清楚，狄更生（即狄更斯）和罗素等人在西方对中国推崇备至的白热化赞词，其对象事实上就是我们的传统惰性！

尊函险遭邮误，在十月下旬才到北京，使我们等到急不可耐。听到您和令郎都在夏季抱疾，因此今年不能启程的消息，我们不胜怅怅，然而您又满怀好意地答应了明春来华访问，真使我们欢欣感谢。印度对于这里文学界的动态，可能知之不详。我们已准备停当以俟尊驾莅临。这里几乎所有具影响力的杂志都登载有关您的文章，也有出特刊介绍的。您的英文著作已大部分译成中文，有的还有一种以上的译本。无论是东方的或西方的作家，后来没有一个像您这样的在我们这个年轻国家的人心中，引起那么广泛真挚的兴趣。也没有几个作家（连我们的古代圣贤也不例外），像您这样把生气勃勃和浩瀚无边的鼓舞力量给我们。您的影响使人想到春回大地的光景——是忽尔而临的，也是光明璀璨的。我国青年刚摆脱了旧传统，他们像花枝上鲜嫩的蓓蕾，

东方神驹

只候南风的怀抱以及晨露的亲吻，便会开一个满艳；而您是风露之源，您的诗作替我们的思想与感情加添了颜色，也给我们的语言展示了新的远景，不然的话，中文就是一个苍白和僵化的混合体了。如果作家是一个能以语言震撼读者内心，并且提升读者灵魂的人物，我就不知道还有哪一位比您更能论证这一点的。这说明我们为什么这样迫切地等候您光临。我们相信您的出现会给这一个黑暗、怀疑和烦躁动乱的世代带来安慰、冷静和喜乐，也会进一步加强我们对伟大事物和生活的信心与希望。这信心和希望，已经通过您的助力而注入了我们的心怀。

中国近日尚算宁静；报纸上关于中国政治的报道不足深信，这种情形在其他地方也是如此。这些报道性的消息即使不是字字谎言，也往往是一些夸张之谈。举例说吧，我的本省浙江目前就有打仗的风声，威胁是来自邻近若干不同政府统治的省份。但事实上，除了胡闹一顿之外，大不了的事情是不会发生的。

我们肯定，您明春来华会享受旅游之乐。请尽早让我知道您的船期，以及其他您认为我们该为您安排的一切事务。现在我等候您寄来讲稿，以便先行移译。

专此敬候

钧安

徐志摩敬启
一九二三年十二月二十七日
北京城西
石虎胡同七号

中国年轻人爱戴他

　　印度诗人泰戈尔四月要来中国。他短暂的访问期间,我估计会陪同他。我需要放弃自己独处的极乐,再一次投身到繁忙的事务中去。我猜泰戈尔在剑桥没有赢得多大的欣赏,但你们不至于太苛刻,叫他骗子或小人或讨厌鬼——这种名号在你们这些知识分子口中非常时髦。他备受中国年轻人的爱戴,简直不可思议,其中的主要原因是,在所有用英语写成的诗歌中,唯有他的诗歌具有他们称为"完美的智慧"的东西。因此,他对中国的访问将证明是激动人心的,他会比以前到中国讲学的人更受欢迎,人们会以更大的热情迎接他。对罗素的回忆尚未远去,杜威的影响极其完美。而杜里舒自己简直就是一匹黑马,尽管他是一个乡下人,有一些文字作品,但是我们也一样十分喜爱他。泰戈尔拒绝拿报酬,我们只是提供旅行的费用。华勒斯和弗赖虽然语气含蓄,但意思很明确地谢绝了我们的热情邀请,令我们深感失望。在泰戈尔之后,你觉得英国还有什么人物值得我们邀请到中国来,做一个不超过三个月的短期讲学吗?

徐志摩 上
1924 年 2 月 11 日
北京西城石虎胡同 7 号松坡图书馆

东方神驹

我猜泰戈尔在剑桥没有赢得多大的欣赏,但你们不至于太苛刻,叫他骗子或小人或讨厌鬼——这种名号在你们这些知识分子口中非常时髦。他备受中国年轻人的爱戴,简直不可思议,其中的主要原因是,在所有用英语写成的诗歌中,唯有他的诗歌具有他们称为"完美的智慧"的东西。

另:请代我向罗素伉俪致意,并告诉我他们的近况。

(节选自徐志摩佚作集《远山》,第156—157页,陈建军、徐志东编,商务印书馆,2018年。)

泰谷尔定于三月中动身

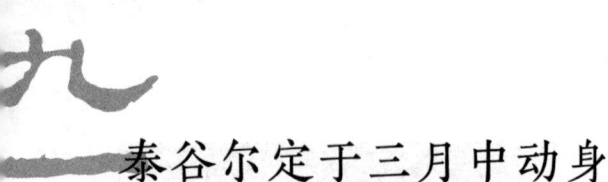

上月泰谷尔的朋友英人恩厚之从印度来电,问拟于今春与泰氏同来,此间招待便否,我当时就发出欢迎的回电,随后又写了一封信去,今天接到恩厚之君(L.K.Elmhirst)的复信,说泰氏定于三月中动身,中途稍有停逗,大约至迟四月中必可到华。同来除恩厚之君外,有泰氏大弟子Kalidas Nag(拟留京专研中国学问),及女书记美国人葛玲姑娘(Miss Green)。今将来信节译如下:

圣谛尼开登 孟买 印度 一月二十八日

徐君……来信给我异常的欢喜,我已经决定与诗人同来,再不肯错过这样难得的机会,去年泰氏虽在病中,还想勉强来华,但他所有的朋友都不愿意他冒险;我从英国回到此地后,想伴他穿越西伯利亚到中国,管他危险不危险,但始终不曾走成。他见了你的来信,高兴得不得了,他立刻要我去定三月中的船位,等定妥后再通知你。他想乘便到缅甸、香港停逗几天。他同来有他的学生南君(Kalidas Nag),极有学问,人也有趣;还有一位葛玲姑娘,美国人,是他的书记。他的计划是想一到上海,就去北京(约四月底),也许南京等处稍为停逗;因为他要先把南君安置在北京,让他接近相当的中国学者,葛玲姑娘他也想放下在北京的;然后我们出去游历,最好是上溯扬子江,一直到四川,因为他最企慕那边的风色。只要他的身体好,我们这一次真是有趣极了!他是真正伟大的人格,你知道我们怎样地爱戴他。

东方神驹

今天午前十时泰戈尔踏上了中国的土地,我简直没有力量来形容我们初见他时的情绪,他的实在超过我们的理想,但我此时讲事实要紧。

L.K.Elmhirst

二月二十八日

(原载 1924 年 3 月 7 日《晨报副镌》,原题《泰谷尔来信》,实则为徐志摩引述的泰戈尔友人、英人恩厚之的来信。)

没有力量形容初见他时的情绪

剑三兄：

今天午前十时泰戈尔踏上了中国的土地，我简直没有力量来形容我们初见他时的情绪，他的实在超过我们的理想，但我此时讲事实要紧。

他们这次来日子很急促，他们在北京大概只有三个星期耽搁；在中国一起也不过六个星期。他们预备五月底或六月初就去日本，住两星期再回上海搭船回印，因为泰翁怕信风期的缘故。所以我们预定的计划也得变更了。我现在简单地告诉你，后天（十四）早车到杭州，十六夜车回上海，十七上海大会，十八到南京，二十北上，沿途过曲阜、泰山、济南等处，约至迟二十四五抵京。

现在最要紧的是你的活动。你幸亏不曾南来，我盼望你赶快与山东接洽，你和孔二爷或是谁一定得在曲阜等着我们。你二十前必得到济南等候我的快信或电报，由教育会转。你先去信知照一声，我想总可以接头。你回信（快信）请立即发出寄南京东南大学任叔永先生转交不误。

泰翁在京预备六次正式讲演，此外他很不愿有形式的集会或宴会，能避掉的总以避掉为是。上海各团体的请求一概不与通融，青年会昨晚大登广告请他讲演也是今天临时取消的。这都是顾管诗人的意思。他的朋友恩厚之是他们旅行队的经理人，他绝对不让诗人受须微不必

东方神驹

1924年泰戈尔与徐志摩在南京

要的烦恼；我们也是一样的意思，但这意思也得大家体谅才好。

他同来的人除了恩厚之君与葛玲姑娘外，有他的大学里的三位教授，一位是 Kalidas Nag，是一位梵文学者，很精博的；一位是 Mr Bose，印度最有名的一位美术家；一位是 Mr Sen，是宗教学教授，他们都要到北京见中国学者讨论他们各有的问题。但泰氏最侧重的一个意思是想与北京大学交换教授，他们自己供给费用，只要我们给他与我们学者共同研究的机会就是，这意思到京后再详谈。现在我也没有工夫写了，只盼望你早些安排山东的事情，余外情节大约可在《时事新报》上看到，这信或者可以在副刊上发表，以后有暇再作报告。百里先生处盼立即告之，并为道此间事，过忙不及另书。

志摩
十二日半夜
（一九二四年四月十二日）

（原载《晨报副镌》，1924 年 4 月 19 日。）

七城记

媒体聚焦泰戈尔

世界著名印度诗人拉宾特拉那斯·泰戈尔氏,乘热田丸Atsuta来华,于今日抵沪……

即将抵沪及太氏小史

世界著名印度诗人拉宾特拉那斯·太戈尔氏，乘热田丸 Atsuta 来华，于今日抵沪，已志本报。该轮原定今日上午十一时后、潮水盛涨时进口，至杨树浦之汇三码头（当为汇山码头）停泊。唯昨日吴淞外发生大雾，来沪各轮多遭阻住，此轮能否如时进口，尚未能定。昨日往询该社，谓未得确切之电讯，殊难断言。届时往迎者最好先行电询该社（电话为北 1155 号），则较为妥当，以免误时云云。并悉现在预备欢迎者除文学研究会外，中华教育改进社、江苏省教育会、中华职业教育社等教育团体亦已预备欢迎。托世界教育会亚洲部办理，并组织委员会，请郭秉文、殷芝龄、刘湛恩三君为委员。已定沧州旅馆为太戈尔之寓所，（太）氏本拟于上年来沪，因患骨热病，又因年已六十三岁，不惯冬日旅行，故改至今春来华。又此次之行系考察中国与中国之民族，并不为部分或少数人而来，其演讲习惯系将论文在台上宣读，故翻译者尤不容易。正式讲演恐不多，在沪勾留仅一星期左右，故在上海仅能为一二度之讲演〔青年会今晚八时请（太）氏讲演〕。即将赴北京，寓所已定马场云。兹将太氏小史述下：

太戈尔氏生于一八六一年五月六日，其家庭系印度著名望族，产生伟人甚多，为彭加尔（孟加拉，下同）地方文艺复兴之先驱者。太之父为特平特拉那斯·戈公尔（当为太戈尔），为印度近代最伟大之主张社会宗教改革者，共生七子三女，（太）氏为最幼。（太）氏之父，常

1924年4月12日太戈尔抵达上海时（一）

在外旅行，故〔太氏〕多由仆保护，受人管束，乃哭求入东方学校，但仍觉束缚，改进师范学校，继入彭加尔学院。系一英印学校，太氏仍不快乐。唯此时教师授其英国诗人作品，太氏即充满诗之冲动，唯不喜强迫的课程。十七岁始由约底白鲁僖教授诗法，自是诗之兴味大浓。厥后随父游喜马拉那山（当为喜马拉雅山），读《拉摩耶那》（现通译《罗摩衍那》）、《富兰克林传》、《罗马史》等。在山住数月，饱餐风景，大增天文智识。乃由仆送归，由家庭教师授莎士比亚之《麦克伯》（即《麦克白》），甚敏，众认为天才。十八岁随兄游英伦，其目的在研究法律，成一律师。然在学校沉闷，不数月即返家，厥后放浪形骸，满腔爱情，故所著《爱人在夜与在早晨时》长诗甚佳，曾自谓自十六至二十三岁时期生活，为一极端的放浪与不规则的生人云。（太）氏著作恋爱诗歌，曾引起道德家的反对，其诗情的韵律与风格，亦为人攻击，因其破坏彭加尔之格律。（太）氏又善著剧本，十四岁时即著《巴尔米基柏拉底瓦》剧本。迨至二十三岁，其浪漫少年生活始告终，乃结婚。其自然之爱与人间之爱并驾齐驱，非遁世厌世的人，乃为入世爱世的人，与印度古代圣人绝对不同。年三十，已备尝欢喜哀悲，乃著宗教诗集如《白拉摩桑格特》与英文诗集《吉檀迦利》等。厥后（太）氏奉父命往西莱达管理产业，颇爱惜农人。在是地采取资料，故所著短篇小说与诗歌甚多。又太氏对于妇女主张平等，欲以教育提高印度妇女程度。而又主张国家主义，作爱国歌，以励国人，然绝不蓄愤怒嫉妒、厌憎世界之意。一九〇七年，与政治运动断绝关系，欲用教育以改造印度，设和平之院，注重体育，养成社会服务精神。又重音乐，与印度习惯不同。一九一三年冬得瑞典文学会诺贝尔奖，此为东方人第一次在欧洲得荣誉。由此，太氏声名大振，而东方文坛亦为之见重，其著作乃译成英、德、法等文。一九一三年夏，赴英演讲，继至美国，又到日本。一九一七年欧战告终，往来欧洲各地，为印度向英国求自由，又与巴比塞、罗素、勃兰特诸人组织"光明园"，并改和平之院为国际大学。均以求和平为目的，学校经费均由个人担任。最近出版《创造的统一》一书云。

（录自《申报》，1924年4月12日第4张。）

戴着红帽，有银白的胡子

泰戈尔先生之有来华之意，在去年早春，后来他的朋友爱莫哈司（Elmhirst，即恩厚之，下同）到了北京，与瞿世英、徐志摩诸君提及他有此意，他们喜欢得手舞足蹈，立刻跑去与讲学社诸君商议，决计托爱莫哈司回印度去，请他来游历并讲演。爱莫哈司回到和平之院后，讲学社即发欢迎之电，泰戈尔遂决意于去年八月间动身来华。以病延迟行期，到了冬天，又因北方寒冷，不适老人，决意延至今年春天动身。这时，讲学社已请徐志摩君担任他的讲演的翻译，王统照为讲演录的编辑。今春，徐君累次与泰戈尔及爱莫哈司通信，表示恳挚的欢迎，并问行期。二月间，得泰戈尔将于四月初到华的消息。四月十二日，泰戈尔先生果如约乘热田丸到了中国，徐君先期到上海预备欢迎他。

十二日的清晨，徐君与瞿世英、张君劢、郑振铎诸君已在汇山码头等待热田丸的到岸。文学研究会、上海青年会、江苏省教育会及时事新报馆也有几个代表在那里，日本的新闻记者及印度人也有不少。到了上午十时，欢迎者便看见热田丸在黄浦江中徐徐地向旁岸的惠山码头（当为汇山码头）驶来。近了，更近了，欢迎者可以隐约地看见船上的人了。徐志摩君激动地指着船的二层甲板上说："那不是泰戈尔吗？戴着红帽，有银白的胡子的！"码头上的一个个人都激动地问道："在哪里？在哪里？"是的！大家都看见他了！船更近岸了，欢迎者都向他脱帽为礼了，印度人排列成一行，合声唱着预备好的欢迎的歌。

泰戈尔靠在船栏上，凝望着中国的景物

有的印度人向他合十为礼，他正与同行的诸位靠在船栏上，凝望着中国的景物，见欢迎者向他为礼，便微微地欠身，俯头合十回礼。船停了，欢迎者拥上船去，泰戈尔转到向江的那面甲板上。欢迎者围住了他，印度人热诚地以花环戴在他的头上，请他坐在中间的椅上。他的雍肃诚恳的态度，他的慈祥和易的面貌，他的朴质而有古意的衣服，立刻把欢迎者的心都紧紧地捉住了。他以舒缓的、虽低下而却如银铃似的清朗的声音，回答欢迎者的致辞与新闻记者的问话，时时手指执着眼镜，放近眼边。有时且微微地笑着,说着很隽趣的话,引得大家也都笑了。移时,文学研究会请他摄一影,以为第一次登上中国的陆地的纪念。他从椅上站起,要把头上的花环除下,几位印度的欢迎者连忙止住他道:"现在且不必脱下。"他笑道:"我是一个新娘了!"大家也都笑了。他与欢迎者遂回到预备好的甲板上的一个摄影的地方,先与欢迎者同摄,然后单独地摄了一张。摄影后,他与大家同下了船,登上中国的陆地,乘车向沧州旅馆而去。

泰戈尔到了沧州旅馆,休息了一会。访问者陆续不断,下午五时偕徐君及同来诸人游龙华古寺看桃花。这个第一次的内地游览,却给他以不甚愉快的印象。古寺的衰落与军人的占据,是中国的全部的缩影吧!

十三日下午一时,上海的 Sikhs(Sikh,印度的锡克教徒;复数:Sikhs)一派的印度人,在闸北一寺中开欢迎会,请泰戈尔到会。四时,由闸北赴慕尔鸣路三十七号张宅的茶话会,被邀请到会者有百余人。多坐在草地上或坐在草地的椅上,泰戈尔则坐在他们的当中,背后排列了许多高大的盆花,如一座围屏似的。张君劢君致欢迎词后,泰戈尔即站起来说话,这是他在中国的第一次公开的谈话。他的语声沉着而有诗意,他的谈话恳切而充满了热烈的希望,与此会者无不感受一种极深的感动。

十四日清晨,他偕同行诸人及徐君等游杭州西湖,十六日午(实际为十七日上午)回到上海。十八日下午三时半,应上海各团体在商务印书馆俱乐部的欢迎会,到会者在千人以上。

(录自《小说月报》第 15 卷第 4 号,1924 年,署名记者。)

在上海的茶话会：互相切磋，择善而从

印度诗人太戈尔于前晨抵沪，以志本报。昨晨十时，偕徐志摩游哈同花园。下午，应自治学院、讲学社、文学研究会、中国公学等四团体之请，赴慕尔鸣路三十七号张君劢住宅内之茶话会。本定二时到场，因太氏参与闸北本埠印人之欢迎会，故迟至四时五分，始乘汽车莅会。由印同来之五人均偕往。（太）氏到会后，由张君劢引至草场，坐在红色沙发上，旁置红桃盆景，围坐自治学院学生。前坐来宾有江亢虎、郑振铎、殷芝龄、张东荪、黄伯樵、朱经农、陆鼎揆等百余人。由张君劢主席，以英语先致欢迎辞，谓吾人久望印诗人太戈尔来华，今已驾临，不胜荣感。次述开办自治学院之宗旨，谓该院乃养成有道德之政治人才。末希望太氏此次之来，可更增进华印间之友谊云云。继由太氏起立，略谓：

鄙人不能操华语，以前又未至中国，与人民相接触，且非一演说家，只为一诗人，故在众人前发言，颇觉胆怯。至此次之来华，盖因春日和暖，万象气新，诗人亦觉思动，唯余只为一诗人，实难有所贡献。诸君若有所求，贵国自有科学家、工程师、文学家及其他伟人在，故欲希望余有所贡献，却为难能之事。但中印同为东亚之国，故余临是地，较至他处为亲热。两国国情虽有不同，而余又不知华文，然余甚亲近诸君，敬爱诸君。两国人民犹如兄弟，又为事当存信心，若有信心，事必成功。吾人对于世界，当不分种族，互相切磋，择善而从。吾人可将此道由东方推行至全世界，尚劝导，不尚武力，并望华印两国之友谊日益增加云云。演说毕，合十以谢。

次徐志摩亦操英语，介绍与太氏同来之五人于来宾，并谓太氏之演说，具诗人意味，辞意均奥妙，听者不能领悟其辞句，亦当心会其深意。盖诗味不在耳闻，须持内心，故予不必由英译成华文，又余昨伴太氏，致全夜未睡，然深觉有味。太氏之人，吾人甚崇拜之，可称之曰圣、曰美，实与常人不同。又太氏拟命一著名教授来华，担任演讲，以作交换教授，并不受酬云云。末摄影、茶点而散，时已六时半云。又闻太氏于今晨偕徐志摩乘早车赴杭，游西湖，避去应酬，专为游览，约十七日返沪。又各团体代表，定于今日下午四时，在一品香集会，筹备十八日开欢迎会，公开演讲地点。昨有人非正式提议，定在南京路市政厅，然尚待今日讨论云。

（录自《申报》，1924年4月14日第4张。）

计划沿沪宁铁路游历苏州、南京

太戈尔之历史　拉宾特拉纳斯·太戈尔生于一八六一年五月六日，为印度彭加尔地（pengal，今译孟加拉，下同）之著名望族，幼在东方学院、师范学校肄业，继进彭加尔学院。在家庭中研究生物学、生理学、物理学、几何学、历史、音乐及英国文学。复至英伦，习法律，均因憎恶学校生活，不久即退学。印度为一诗国，（太）氏沉浸于诗，好作浪漫游，与自然界及平民为伍。一九〇五年创办和平之院，最初仅有学生两三人，现已增至两百人，所得诺贝尔奖奖金乃捐入为基金。一九一五年至日本，一九二〇年至美国，翌年至德国，均受热烈之欢迎。某年世界大哲法郎士、巴比塞、罗素、爱伦凯及（太）氏诸人，在巴黎发起"光明团"，从事于永久和平的非战运动。（太）氏又尽力鼓吹印度独立，曾向英政府请愿，因之将（太）氏所有勋爵取消。著作诗集有《园丁集》《新月集》《采果集》《飞鸟集》《爱者之赠与歧路》。剧本有《牺牲及其他》《邮局》《暗室之王》《春之循环》。论文集有《生之实现》《人格》《国家主义》。杂著有《我的回忆》《饿石及其他》《家庭与世界》等。

到沪后之讲演　沪讯，世界大哲学家及诗圣印度太戈尔乘热田丸自新嘉坡（现译作新加坡）来华。于十二日上午抵沪。本埠国立自治学院院长张君劢，及北京讲学社特派来沪之文学家徐志摩，同至日本邮船码头迎接。徐志摩系于十日来沪。十一日下午一时先在自治学院演讲太戈尔学说，以为介绍，太氏到沪后，本（日）晚□时，即在青年会殉道堂，为第一次之公开讲演。第二次公开讲演地点当在□教育会。此外则尚有大规模之谈话会，地点即在慕尔鸣路三十七号张君劢寓所。（闻文学研究会意见，拟联合沪上各团体，举行一大欢迎会。）

太戈尔之寓所　已定在静安寺路沧州旅馆。在沪勾留三日后，即赴西湖游览，在浙江省教育厅讲演一次，在杭约有三天，即沿沪宁铁路游历苏州、南京。至京后再在教育部为公开讲演，约五六次。北京大学校教授胡适之等，拟俟太戈尔到京后，将彼自编之剧本名者 Chtra（太戈尔剧本《齐德拉》）排演，以示欢迎云。

太戈尔之同伴　太戈尔来华之同伴，有英人恩厚之君、美人葛玲小姐，及印度加尔各答大学教授诺格君。此教授系以研究中国学问为其来华之目的者也。

太氏戈氏（有误，当为"太戈尔氏"）来华真相　太氏来华，系属自动。并非讲学社所聘请。去岁太氏之友人恩厚之来京。述及太氏颇有来华之意。讲学社即允供给旅费及招待责任。故太氏此次纯粹为友谊之游历。乘机公开讲演数次。故与杜威、杜里舒之受有薪资者不同也。

（录自长沙《大公报》，1924 年 4 月 18 日第 3 版。）

现出了最慈祥的笑容

十三日沪讯云，我们寻不到适当的文字来表现这位伟大的先觉带给我们的灵感与感念。今天热田丸靠埠时，这位白须如流水般的老人，望见了岸上欢迎他的人群，现出了最慈祥的笑容，合十了双手向着中华的土地微微地欠身时，我们料想在场的人懂得他这次来华的重要性，一定感到了不寻常的兴奋与欢欣的期望。我们现在执笔想记述今天的经验时，也只能合十了双手，向着我们心灵中永镌着的印象微微地欠身，示意我们最深刻的感激。

到沪以后，印度诗圣泰谷尔　昨十二日上午九时十五分，乘日本热田丸邮船抵沪。张君劢、徐志摩、郑振铎、殷芝龄等多人，已先时到汇山码头迎迓。及该船停泊码头后，张君等遂登船欢迎。当泰氏略谈片时，于十一时十分钟登岸。泰氏偕行同伴，除美人葛玲小姐、英人恩厚之君外，尚有印人三名。在岸欢迎者，华人而外，尚有印人十余人。当泰氏上汽车时，印人口唱乐歌，表示欢迎。泰氏着印度服装，冠红色帽，御眼镜，颈上悬花环。后即与葛玲小姐、恩厚之君同坐一车。直抵预定之寓所静安寺路沧州旅馆。此外印人之结队游街者甚多，且有携印度乐歌者。泰氏抵沪后，因长途跋涉，精神疲顿，除晚间应讲学社在沧州旅馆宴请外，并不作其他之讲演。即青年会之邀请，亦已辞去。泰氏到沧州旅馆稍憩后，时约下午五时，即由徐志摩君偕之作龙华游。汽车鸣匕然（此处原文如此，或有误），由静安寺路向龙华驰去，至六时

1924年4月12日泰戈尔抵达上海时合影（二）

许始返。晚间往访者甚众,谈话几无间断云。

讲学社茶叙　讲学社等昨发通告云:敬启者,印度诗哲泰谷尔氏,已于本日到沪。颇愿与海上贤哲会晤。同人等因定于本月十三号,下午二时,假慕尔鸣路三十七号草地茶集,务晞惠临。讲学社、中国公学、自治学院、文学研究会同启。

筹备欢迎　讲学社等昨发通告云:谨启者,印度诗哲泰谷尔,已于今日到沪。我们拟于数日后开一大会欢迎他,并请他作第一次的公开之讲演。特此专函奉达,请加入发起欢迎,并请于本月十四日(星期一)下午四时派代表一人或二人,至西藏路一品香商议筹备欢迎会的事宜。此候公安。讲学社、文学研究会、商务印书馆同启。

(录自长沙《大公报》,1924年4月20日。)

冬去春来，诗兴极浓

第一日之重要谈话　中国新闻社云，印度诗人泰戈尔及其随从已于昨十二日晨九时半乘日邮船热田丸抵沪。曾语记者以来华之目的与感想云：余此次来华，系应北京大学之聘，豫约在京讲演六次，大旨在提倡东洋思想、亚细亚固有文化之复活与亚洲民族之一致团结。亚洲之一部分青年，有抹杀亚洲古来之文明，而专追随于泰西文化之思想、努力吸收之者，是实大误。东洋文明不乏远优于欧洲者，乃东洋之青年欲悉依赖欧洲文明，而不顾自己独特之文明，殊为遗憾。泰西之文化，单趋于物质，而于心灵一方缺陷殊多，此观于西洋文化因欧战而破产一事，已甚明显。彼辈自夸为文化渊薮，而日以相杀反目为事，其文明之为皮相，与基础之薄弱，足可窥之也。所谓化学文明者，即导人类于此残破之局面，而非与人类以平和永远之光明者。反之，东洋文明则颇为健全，而对于吾等东洋民族，常从事最相当之建设。因是欧洲人士已承认东洋文化之真价值而着手研究，同时亚洲人有识者，间亦有所觉悟，而表示真诚研究东洋文明之倾向者，此实为欧洲民族可喜之现象也。欲图此贵重而高洁之东洋文化之复活，唯立国东方之中国、日本、印度等各国民一致团结，为东洋文化复兴张目而达成之，是即人类救济之大要谛也。东洋之两大独立国中国与日本，如因细故而相反目，由亚洲之对外局势者言，又于图谋东洋文明之复兴上，皆至不利。故余甚望两国有识者，速图意思之疏通，树立甚深之友情关系，以发觉东洋文化，而表示吾人之特征于世界，发扬亚洲民族之真价值与名声。又（泰）氏附言留华约一月半，拟旅行中国各地，至六月左右，并拟赴日一游云。

第二日之欢迎会　中国公学、国立自治学院、讲学社、文学研究会等四团体，假张君劢寓所，开会欢迎印度诗人泰戈尔氏。先由张君说明欢迎泰氏之真意毕。随请泰氏演讲，其大意略谓：余系印度人，对于中国情形，诸多隔膜。此次来游，目的在观察中国情形，及宣传和平主义。当余（泰氏自称）在去冬，本无此意。唯冬去春来，诗兴极浓。而来华之念□作，几有不能压抑之势。乃决然乘此春气方盛之时，以遨以游。余爱作诗，尤爱春气。因春气可当和平主义之代表。人类如能同样地爱春气，向和平路上走，世界永久幸福。诚舍此莫由。今日各国民族，尤有主国家主义者，是不啻不知春气之为可爱也云云。泰氏讲毕，已五时。后由徐志摩君介绍泰氏同伴数位于赴会者。并云：余（徐君自称）此次春天来沪，离开北京的春寒，甚为欢慰，而今日在沪之见泰氏，犹如得春气云。徐君又报告称泰氏拟与北京大学商量，与印度国际大学各派一教授，实行交换教授。其用费由己担任云。

第三日之行踪　泰氏定十四日早乘车赴杭。游览西湖风景。约星期四返沪。公开演讲，拟在星期五云。

（录自长沙《大公报》，1924年4月21日）

七城记

泰戈尔在杭州西湖

得与大诗人相晤,胜读十年书

印度诗人泰戈尔由杭来沪后,本埠各学术及教育团体,昨日下午三时半,假宝山路商务印书馆之图书馆会议所,举行欢迎会。各团体代表到者,有文学研究会、省教育会、讲学社、中华学艺社、青年协会、青年会、基督教教育会、实验剧社、商务印书馆、中华书局、徐州同乡会、大同、约翰、商大、中国公学及商科、南大、自治学院、美术学校、广肇公学、广东中学及各报馆代表等中西印男女人士一千余人。会场门口用柏枝扎成"欢迎"二字,会场四壁悬中国古画及交叉之柏枝彩条及彩球,台上亦有"欢迎"二字。台前置花盆十余事。(泰)氏到场前,先由各团体代表伴同在屋外合摄一影。实验剧社弦乐队到场奏乐。(泰)氏衣玄色长袍,冠红帽,仪容庄严而肃穆,弦乐声里与其他诸人鱼贯进场。由沈信卿、聂云台相继主席,沈君致开会词后,即由王岫庐君致欢迎词,次即(泰)氏演说,历一时许始毕,暂告休息,由周映湖奏中国古琴,曲名《普庵咒》,悠扬婉转,颇为动听。继由徐志摩翻译,刘湛恩致答谢词。散会已六时许矣。演词录下:

沈信卿介绍词　泰戈尔先生生平发挥爱之真义,使世间愁苦不平之气尽为消弭,跻人类于亲善和睦之域。是则以诗人的情绪,造成人类之精神,故今日此会不仅东方精神得以表现,而全世界和平之朕兆,亦得于诗人之情绪中得之。上海各教育学术团体躬与此会,特以极诚恳的情意,表示欢迎泰戈尔先生。

王岫庐欢迎词　吾人翘盼泰戈尔先生来华，为时已久，今希望竟成事实，中心不胜欢忭。今日来会人数非常踊跃，足见吾国人民欢迎先生之热忱，吾人欢迎如是其踊跃，其理盖至为简明。以泰戈尔先生诗人言，则为世人所尽赞许；以教育家言，则其事业于世界教育史中独辟一新地位；以哲学家言，则其融合东西洋及黄白人种间文化之功，亦可称道。况先生之倡道和平，尤为吾人心所钦佩。然则先生今日之受热烈之欢迎，固所宜然也。春季为和平与愉乐之时，日丽风和，禽鸟怡乐，而泰戈尔先生适于此时苊止，其所予吾人之愉快，直与春季所予吾人之愉乐相同。兹鄙人谨以到会者代表之资格，敬谢泰戈尔先生行将宠锡之鸿辞，更以商务印书馆代表资格，致谢泰戈尔先生光临敝馆之荣。

　　泰戈尔之演说词　余青年时代之光阴，多半消磨于恒河两岸，常日默坐河畔，在野鸭群中，得心灵之感觉，而一生诗歌思想，亦均从自然中得之，故见山水花鸟，都觉十分自然。若令于正式会场，当众演说，则恐不能自然将所蓄意思，尽情宣泄耳。余最初对于中国之感觉，实于印度大戏剧家嘉利达之剧中得之。盖其中有一场，为风飘旗帜，流苏动荡，而此流苏，即为中国丝制。在此种含有诗意之感觉中，即得中国文化极深之印象。中印两国本有极深之关系，佛教自印度传来中土，即为中印两国文化互换之机会。印度以自身文化作礼品，赠诸中国，中国乐于接受，此种伟大的、牺牲的、包罗万象的精神，充溢于东方，因而造成东方伟大之文明。至余此来，实受一种感动，对于中国目前处境之危险、事端之纷繁、人民之痛苦，均所深知，每为祈祷，希望得安然渡此难关。余之来华，非旅行家，非传教者，实为求道而来，故余所携，唯敬与爱。余至中国如居古庙，每觉背后有无数牺牲之精神，因得成就如此伟大之文化。唯世界日趋于败坏，故吾人在任何地方，均得见彼死笨无生气之痕迹，而予吾人以无限之创痛，即如余来上海，

在城市间固未曾得见丝毫足以表现中国文化之精神，此诚深以为憾。野草支蔓，损及田禾，此种现象实所痛心。中国文化因物质文明而被创，犹之魔鬼展其破坏之舌，尽吞我生命之涎，欲不哀痛，又呜呼可？以言文化物质，则如谷粒与钻石，谷虽不如钻价之巨，而其真价值乃远过之。物质发达，真趣消失，将来世界恐徒见闪烁死的光彩，欲觉生的物类，且不可得，即如印度恒河，固世界有名之大河，两岸风景幽美绝伦，今则烟突林立，机声盈耳，自然真趣消失无遗，每为之唏嘘长叹，唯吾人既生人世，不能完全脱离社会，物质文明，亦未尝无所用。余之所言，盖因物质文明在人生历程中所处位置，颠倒乖乱，遂造成无限之恼闷。余非政治家，亦非外交家，不过一纯粹之诗人，只知心有所感尽以告人。见兹中国文化被物质所迫，濒于危险之境，不得不据实以告，深望于人人心中引起反抗的精神，以维护东方固有之文化，而此种工作之兴，尤非牺牲不可云云。

刘湛恩答谢词　"与君一席话，胜读十年书。"吾人在此期间，得与大诗人泰戈尔相晤，此诗殊足以咏之。泰氏自称以纯粹的诗人，抒其所感于吾人之前，吾人聆其言论，知（泰）氏发为悯世之言，启人深省，而于物质位置错误一点加以解释，则群众误会当亦可以了解。故今特代表各团体，谨谢泰戈尔先生之教言。

泰氏今晨北行　晚间七时，泰氏在功德林与各团体之公宴。今晨八时，偕徐志摩、瞿菊农自沧州别沪，乘汽车往北站，搭特别快车北上。本埠各团体代表欲拟赴站欢送。南京东南大学等团体，拟俟（泰）氏过宁时邀其演讲一次，（泰）氏以行期匆迫，以复电婉谢。至济南将往泰山一游，瞻览孔庙胜迹，定二十二到京。应北京讲学社之聘，公开演讲二星期，即由大连搭轮赴日云。

（录自《民国日报》，1924年4月19日第10版。）

泰戈尔《激荡的欢乐》

泰戈尔《清晨的河面》

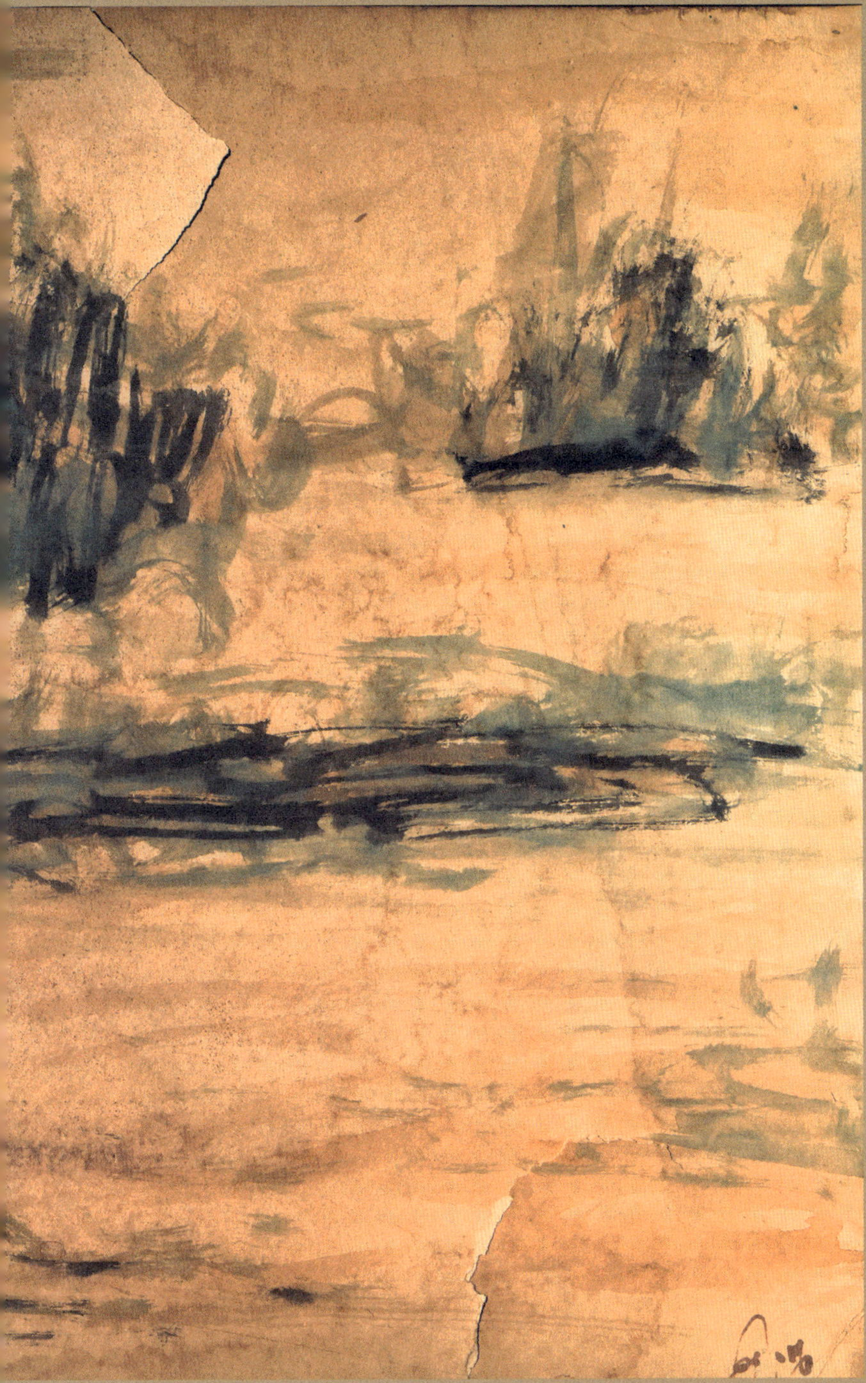

泰戈尔《灵魂最初的欢跃》

泰戈尔参观有正书局　印度诗哲泰戈尔氏，昨日由商务印书馆欢迎会议讲演后，已薄暮七时矣，当即乘车偕友人至四马路有正书局参观。将该局所印之中国美术品详加批览，泰氏深为叹赏，拣选最惬意者，购买多种。计恽正叔花卉、南田墨戏、费晓楼侍女、改七香百美嬉春图、戴鹿床金笺写生、沈石田生平第一精品、金冬心小册、八大山人画册、金冬心人物、大涤子山水、陈师曾遗墨。有正书局特赠送泰氏书簏一只，以为泰氏收藏画件之用。泰氏语人：观中国名画后，发生新感想，会当发表云。

（录自《民国日报》，1924年4月19日第10版。）

诗翁说辞很长，声音柔软

一

太戈尔抵沪后，一部分文学界的人捧场捧得很热闹。昨天下午，讲学社等四团体在慕尔鸣路三十七号开欢迎会，门首扎了"欢迎"二字。开会时间本定二时，但这位太戈尔先生至四时余始乘汽车而来。陪乘者为不离左右之徐志摩，和去迎接的张君劢；同来的有英人恩厚之、美人葛玲女士及二印人。

太戈尔下车时，众鼓掌欢迎，太氏以双手合十而谢。旋由徐志摩扶之，至草场中央红色沙发上坐下。太氏须发苍然，发尤多而长，戴黄色帽，仿佛僧道所用者，衣枣色和尚领长服，其状貌，很像旧时小学教科书中所画孔子之像。

太氏老矣，精神欠佳，但演说时发音清晰而柔软，不类其态。

会众六十余人，围坐于此老之前。中有数画家，当场为太氏写生。大概既是到会的人，除了新闻记者外，都是崇拜这诗翁的。

致欢迎词的为张君劢，此君奔走甚忙，最为起劲。欢迎会很简单，欢迎词毕，太氏演说，徐志摩演说，于是就茶点散会。

二

银须飘荡的诗人太戈尔，昨日下午三时半，偕徐志摩和同来的几个西人、印人乘蓝色汽车风驰至宝山路图书馆，受教育会等团体的欢迎。甫下车，各团体代表已排队于院中迎迓，一时为太氏携杖、拿衣者纷集于前。徐志摩依例——上次在张君劢家亦如此——扶太氏下车，到招待室休息。

太氏御黑纱外套，着中国旧式双樑鞋，唯以手合十向人敬谢。

去瞻仰这诗翁的人很多。演说台旁，特设一小桌，上面放着一只小香炉，其下则列蒔花多盆，大概是以香花供养的意思。

约四时，有好几个人拥了诗翁，从右角登台，诗翁当中坐，左卫沈信卿，右卫聂云台，徐志摩隔座遥卫。

诗翁面前桌子上，早放好了一张古琴。我们都当诗翁要鼓琴歌诗，不料却是美术学校某君欢迎诗翁的乐器。

主席沈信卿读了赞美词之后，便不知去向，主席的责任，由聂云台代庖。

诗翁的说辞很长，声音柔软，忽高忽低。徐志摩翻译，走上来，先说几句客气话，说自己是个麻雀儿，不能如子规啼、百灵鸟叫。

太氏说他不是政治家，不是外交家，又说要保全自然之美，不要被物质势力打破，又说价值和价钱不同。钻石虽价钱大，但价值不及一粒米。随后太氏又说他不过掬诚把诗人的感想告诉大家。盖已自命为诗人了。

（录自《民国日报》，1924年4月14日、19日，署名文炎。）

在杭州见飞来峰雕刻

古代中印文化接近之遗迹
泰戈尔游杭之感想

印度诗圣泰戈尔,于本月十四日由沪乘四号快车莅杭,当地教育界人到城站欢迎者甚众,如省教育会副会长李杰,及青年会代表美人狄耐尔等,教育厅亦派代表尹志仁在站迎迓。及车抵站后,李副会长遂登车欢迎,与泰氏略谈片刻,泰氏于十二时四十分下车,与各欢迎者一一握手,同来者有美人葛玲小姐、英恩厚之君、印人三人,及徐志摩等八人。当时即乘车至新近落成之西湖饭店下榻,分住八十二、八十五、八十三号房间。十五、十六两日,畅游六桥三竺各名胜,十六日下午四时,应省教育会及各公团各学校之请求,在省教育会演讲厅演讲,当时到者共计一千五百余人,后至者已无立足地,实为空前未有之盛。

首由该会副会长李杰主席,宣布泰戈尔来华宗旨云,系因爱慕西湖之胜景,自动而来,非若杜威、杜里舒等之被动而受有薪俸者也。次由同行者徐志摩说明泰氏之历史,及各邦人士崇拜泰氏之狂热,旋绍介泰氏登台讲演,由徐君翻译。泰氏云:

余今日在此,未尝自知为演讲人者,因余对于演讲,素不愿为,以非演讲家也。兹承诸友热忱待遇,必欲余立此讲台上宣言数语者,实余之不得已也。顾余所以至杭,为羡慕西子湖畔之胜景,睹斯山水,加以研究，实与余偕之山水有同一之容貌，具相似之音调焉。以外观论，世上形形色色，无分别之足云，鸟鸣兽啼，同一情也，但余想念及此，当产生一种疑虑焉。吾人睹此，多有不能了解者，人与人之语言何以不能相同？不独此也，彼此时生误会，不能以肝胆相见者，于是心中藏之，不知何术以舒快之、以了解之，实一疑问也。余至西湖之灵隐寺见飞来峰有二雕刻和尚，系昔日由印度输入中国者，是可知当时印度文化，灌输于中国矣。然此乃表形上事，若以内容言之，盖予已感想于印度之一部。而北飞来峰者亦授吾以一点不磨灭之思考之结晶，询与印度之飞来洞，若出一辙，是亦具征人心之相似一致耳。飞来峰上有形如童子手掌之一物，更如我印度当初代表人类之所为者，益使予觉予之知识与昔人同。然予此来，固含有一点使命，有不可推脱之关系在，故既来此，当盘桓若干时日，愿求近世文化之进步，而授之国人，使中印两大民族，彼此衔接，互相热爱，而吾人最大之关键，则必由光明途径上行之，今日乃其时矣。世人目光，以为近代交通便利、科学发达之功也，然而正所以为吾人之改造耳，科学虽进步，而不能与我有切实之使命者，则含辛茹苦之时更多，抱愁怀忧之日更甚矣。彼大好湖山、明媚春光，吾人遇之，其乐无极，而有时不合吾意，则一变而为愁云惨雾者，亦此物此境也。然则余之来游中国，征尘仆仆，不知者以为寻乐，知我者又当如何耶？精诚所感，固无往而不利，吾自省尚非徒求有形之行踪，而柔远怀忧，亦为吾人应有之思想焉。今日文明时代，吾人发生无限意见，以与此世界潮流相沉瀣而求诸一己者，首在明晰，特吾观于万般万类，焉能穷彻底而无憾耶？为国人者对于民族之精神如何，地位如何，亦有未尽了解者。彼灵隐所刻画诸模型，易尝具有异想之色彩，但思之重思之，则颇表示一人类文化之使命焉。是故吾人当以毅力应付此五浊之变迁，乃为人应用固有之努性，而后求其所得，或可如愿以偿。吾亦甚望中印两大国，从此益复交通，温

昔者有多数印人，漫游杭地，惜花爱月，乐山玩水，过此则脑球中仅仅留一丝之印象，未尝稍虑其文化与进境。其游行也，第昙花一现，暂饱眼福耳。余之此来，慕其景而重其境，不觉有无限之感慨，睹斯造作，瞻仰风味，大可以动吾心者，即此人类一致之精神也。

故知新，五洲民族之大源，发展至于无极。昔者有多数印人，漫游杭地，惜花爱月，乐山玩水，过此则脑球中仅仅留一丝之印象，未尝稍虑其文化与进境。其游行也，第昙花一现，暂饱眼福耳。余之此来，慕其景而重其境，不觉有无限之感慨，睹斯造作，瞻仰风味，大可以动吾心者，即此人类一致之精神也。而欲达消弭种种之冲突，诸凡之谬见，非养成互相援助之美德不可，否则自绝而绝人也。印度无海陆军可以自治，无政治能力可以自为，而此弱点中，求其不可埋灭者，唯此灵犀一点耳，舍此更无他求矣。是故余之莅中华，为爱中华也。爱中华者，欲期此两大民族得以相将相助，无鲜介强制之念，存乎其间，斯已慰矣。吾亦甚望中国人民尽为吾之良友，他日群起欣欣然以来临吾印，得一就印求学之良机，并希有国际大学产生其中，以供多数国人研究人类应有之知识，达到共同协助之幸福焉。虽然，以近世环境观之，殊觉可悲可惧，故余不自量，当大声疾呼而言曰：人类精神之一致，不以彼此之隔膜而有障碍也。余一生无他，唯灵隐中似觉有一种伟大之改造，犹如暗窟中呼之而出者，如此声浪，亲密无异吾父。谓我两大民族从此咸在此声浪中，遵是途以行，打破其故旧之习惯，而完成其善良之结果，固余属望者也，吾挚爱之华友乎！余行矣，愿各勉之！

泰氏演讲至五时半始毕，散会后，复由李副会长邀各界代表在二层楼为各界欢迎泰戈尔会，且由各个人提出问题，就泰氏讨论，及散会已六时半矣。泰氏在杭，对于杭故绅丁丙先生所辑之《庚辛泣杭录》，以及杨文杰先生所撰之《东城记余》各搜罗一部。并殷殷讯问，洪杨以后，杭城之风土人情，如何沿革，如何变迁，一一笔之于书。且对于人云，吾游泰山以后，即回本国，俟明春再游六桥三竺，与诸君张翰墨之缘云。

泰氏在杭，仅逗留四日，于十七日下午三时乘快车返沪，因是日沪上各团体，定期开会欢迎也。泰氏临别，与送者一一握手，并订后会之期，谓明春必定来杭，或将久作勾留，俾得饱览西湖美趣云。四月十八日。

（录自《晨报》，1924年4月22日第6版，署名杭州特约通讯员丹。）

由水道往南京去

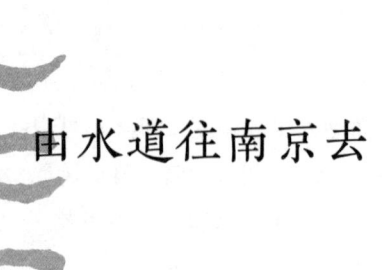

印度诗哲太戈尔氏，今晚七时十分（乘普通快车）可以到京，本报前日即已报告，昨又接到王统照在江裕船上致本社社友书，叙诗人之态度甚详，特录于后：

自太戈尔来华后，想时时均有消息传到，弟可不必多述，但弟与志摩随此诗哲往返于沪杭间，时得聆其言论，按其丰采，有为外人所不悉者。今日在轮舟中，颇尚得暇，信笔记之，兄等于未观此诗人之先，可得一较详之印象。并可供《晨报》读者，借此得知太戈尔之态度。此世界蜚声之诗人，而今老矣（在印度人中，六十三岁，已属高寿），彼亦时时自述，其随行者亦言此次来华，恐系其最次末作远道旅行。太氏身体较弱，涉水登山，辄感疲惫。其随来者，亦时为注意，起居饮食，不令稍有不适。自太氏来沪后，与之接近最多者，志摩、菊农与弟三人耳。然与之相处，则人人自觉惴惴，恐其稍有不适。此老年诗人，易致烦苦，菊农与弟数言一人在彼面前，不但自觉渺小，且时时有恐怖之念，此语良然。即弟与语时，辄比对他人言，小心数倍，然彼之态度，恺恻慈祥，彼之诗人和厚宽易，而弟辈所以有此感想者，实以其人格过于伟大，其精神过于崇高，故不自禁生此由崇敬而惴惴之思也。与太氏同来三印人，Nog 诺格（曾留学欧洲，精通英文，系研究历史及哲学）、Bose 鲍司（系印度著名之艺术家，擅长绘事，尤嗜研究中国古时之美术品）、Sen 沈（在太氏之学校内，教授印度哲学）外，尚有去年来京之恩厚之 Elmhirst 及一美国女士 Miss Green。三印人皆太氏弟子，各有专长，而最崇敬太氏之学说者。恩氏则系山铁尼克当学校内之农科教授。照原来规定，将请太氏于北来时，往游泰岱及曲阜，一睹中国最古之名胜。刻因太氏身体较弱，不耐跋涉，且预定在中国仅停留月半，时间无多，故此计划遂即中止。计十二号抵沪，十四赴杭，十六在杭讲演一次，十七号快车返沪，十八号沪上各团体公宴，并请讲演，十八夜上江裕轮，预定二十号清晨抵南京，二十号转赴济南，或在彼住一夜，即从速赴京。在济南、南京各有公开讲演一次。太氏恒着玄色灰色绛色之长袍，冠印度紫绛之冠，苍髯绕颊，目光炯然，中涵无限之爱的同情的思想。与人谈话时，言语都涵诗意，每当情感激动时，辄握右手，作攫拿式当胸而言，其语音高低抑扬，时带颤音。当彼讲演时，直立台上，俯视听众，若古时仙人置身云端，以诚恳纯挚之态度，传布其使命于群众者，彼恒喜负手而言，若中国之老叟。每讲至重要处，则两臂颤动，声若银钟之响于幽谷，若清磬之鸣于古寺，听者即不知英语，于彼之态度中，亦受大量之感动。尤有趣味者，诗人之思想，变化难测。当彼往游西湖岳庙时，我辈方以为此伟大动人之古迹，能与此诗人相合。孰意彼乃郁郁而不愉，盖彼对于此地，方辄感毫无生气之印象故也。然及其回沪时，在车站有多数小女学生唱歌相送，彼手抚诸小女儿之额发，笑颜相视，及抵硖石，硖石之小学校儿童拔队在车站欢送此诗人时，彼以真诚之和悦态度，称美不止，在车窗外，有人抱志摩之子仰亲。经他人相告，彼乃以其苍髯环绕之唇，吻此可爱之小儿鬓颊，诗人爱儿童的天真，时时流露于不自觉中，类多如此。

在杭时，有人介绍陈三立与之相晤，合拍一照，对语时，由志摩口译，但所谈有限，陈氏七十余岁，与六十余岁之太氏相较，其康健非太氏可比。当太氏索其诗册，陈甚谦逊，连言不可相比，终未相送。

在杭州讲演时，太氏最为激动，在沪时较为从容，其讲词恕暂不详。在沪上日人，曾请其于十七号晚往讲演一次。

此刻正在江中，船行颠簸，匆匆不及详细相告（太氏欢喜坐船，故此次由水道往南京去）。几日面后再谈。

王统照　四月十九号午后在江裕船中

（录自《晨报》，1924年4月23日。）

他好比春天的阳光

十六日下午，浙江省教育会敦请太戈尔先生讲演，是日到会听讲人数达三千余人，为从来未有之盛况。本城英美各国人士亦都崇拜太氏，来会听讲。据之江大学校长王麟庚云，我们听了太氏的谈话或诗歌，就不觉地身心上起愉快，其崇拜有如此。所有讲演情形，曾志本报。先由徐志摩君登台，说明太氏的心境和态度云。

太戈尔先生的声名，固已遐迩咸知。他好比春天的阳光，普照大地，得着他的，都有新生命，并且遇于各种不良的环境，他能用诗赋歌词去安慰他、愉快他。他有纯粹的爱，无远弗届。他今日看见西湖山水，就生出无限感想，并作了一首诗。他的意思，说山站在那儿，高入云中，水在他的脚下，随风波荡，好像请求他似的，但是他高傲地不动。今日到会诸君，在太戈尔先生面前，如此崇拜他、钦仰他，所以我将此山比喻先生，使我们心目中存一伟大悠久的印象，有痛苦能安慰，遇仇敌亦当爱，并且他对于人都有爱的表示。他游美国时候，心中反觉着不快乐，因为彼邦人士，不以爱之观念相崇敬，反以稀奇的东西来看待他。先生最喜清净，所以不愿在公众场所讲演，但是他足迹所到的地方，总受人热诚的欢迎。他在法国讲演，听众之多，达数万人。他的说话，是从心灵里发出来的，不像杜威、罗素、杜里舒一般人，能解决什么问题，他纯以爱之论调，作讲演的资料。据一般精通英文者的评判先生的讲演，声韵好似鸟啼，而和蔼的态度，又似春风拂面，

太戈尔先生的声名,固已遐迩咸知。他好比春天的阳光,普照大地,得着他的,都有新生命,并且遇于各种不良的环境,他能用诗赋歌词去安慰他、愉快他。他有纯粹的爱,无远弗届。

我很希望诸君,静听先生的讲演。

　　说毕,太氏登台,众拍掌欢迎。太氏谓:(下略,见本书第134页《人类可以从友爱上寻光明的路——在杭州各界欢迎会上的讲演》一篇。)

(录自《申报》,1924年4月18、19、20日。)

在南京讲演一小时

印度诗人太戈尔昨（二十）日上午乘江裕轮到宁，东南大学于下午三时在体育馆楼上开欢迎会，中西男女人士到六七千人。先由校长郭秉文向众报告，谓太戈尔先生为印度教育大家，著作闳富，曾以版权所得创立大学，提倡高尚文化，历游英、美、德、日诸国，备受欢迎。中国人士对先生欢迎之忱尤为热烈，因先生所发表学说，足以阐扬东方文化精神，并于沟通中印及世界文化历程，有伟大之贡献。今因先生过宁之便，请做一度演讲，希望诸君静聆伟论云云。

太氏起立，演讲历一小时余，讲毕由徐志摩登台译述。谓：余乘轮溯扬子江而上，于昨夜月色朦胧时，登甲板瞭望，沿岸风景，依稀莫辨。于村林中窥见两三星火，回顾船上乘客，多入睡乡，鼾声大作，因发生种种感想。觉得世界上现时未普遍的光明，就等此村林中之星火；社会上乏清明的感觉，就等此乘客中之酣眠。及船近金陵，晨光熹微，鸟声杂树，无数帆船顺风直驶，稳渡中流。又觉得此种光明浩大现象，即将来世界人类，经过混沌状态，由牺牲奋斗所得结果之比例，就亚洲民族特性及进化史观之，文化事业伟大的建设，不但并不绝望，而且希望甚大。溯上古时代，猛兽为患，人类几难生存，迨智识渐次进化，运用灵明之脑筋，主宰一切，学术势力膨胀，野蛮势力乃自然淘汰。今世界障害文化之恶魔势力如猛兽者甚多，排除责任在于青年，排除方法不在武器，当以道德势力、精神势力相团结，发挥伟大之感化力，以贯彻人类和平亲爱之主旨。近世文明，专尚物质，并不为贵，亚洲民族自具可贵之固有的文明，宜发扬而光大之，运用人类之灵魂，发展其想象力，于一切文化事业。为光明正大之组织，是则中印两国之大幸，抑亦全世界之福也云云。

讲毕，由该校备素食欢宴而散。太氏即于今晨乘津浦车北上云。

（录自《申报》，1924年4月22日。）

太戈尔抵达济南

印度诗人太戈尔,于今早(二十二)五点四十分乘津浦车至济。教厅秘书长张涛(即张伯秋),济南各校联合会代表鞠思敏、王世栋等二十余人,均赴车站欢迎。太氏下车后,众皆鼓掌。太氏一一与之握手,即乘汽车赴津浦铁路宾馆下榻原定九点钟在商埠公园开欢迎会,下午约太氏游大明湖。只以太氏车马劳顿,且风势过大、尘土飞扬,遂临时改为下午三点在省议会开欢迎会。上午太氏在旅馆休息,随行之英人恩厚之,华人徐志摩、王统照等,应各校联合会之约,游览大明湖图书馆诸名胜。未及二钟,各校学生及各报社记者,即纷纷赴会听讲。至三钟时,楼上楼下,人为之满,而继来者犹络绎不绝。主席张涛乃宣布在会场外露天讲演,是时天气过热,大风陡起,而听讲者万头攒动,绝不少息。至三点四十分,主席登坛报告开会宗旨,王统照出为太氏介绍,少间忽闻人丛中掌声雷动,则童颜鹤发之太戈尔登场矣。讲演约四十分钟,系用英语,太氏讲完后,休息五分钟,由徐志摩当众翻译。徐氏略谓:今日诸君得听最可爱、最可敬之老人恳切沉痛之演说,谅必十分安慰。鄙人亦即大胆为之翻译。老人开口谓:我们亲爱的兄弟们,余今日得与诸君相见,心中甚觉欢喜。不过最痛心者,既不能用印度话演说,又不能用中国话演说,昔日中国与印度,关系最深,其媒介为佛学。自印度佛学输入中国后,遂在释家文化史上,大放光明。中国自汉代而后,各种哲学,无不受佛学之影响,佛学入人之深,亦非他种学说所能及。现在虽已有不适用者,有须修改者,然融会贯通,责在吾人,不能

1924年太戈尔在济南

因噎废食。余之主张，为敬与爱，但余在上海讲演后，有出传单登报反对吾之学说者，其措辞为余系主张无为，反对物质主义者，实为最堪痛心之事。譬如混沌未开、地球未产出时，原为一团恶浊大气，日月光明，不能侵入。今日吾等处物质主义、武力主义之下，犹之在恶浊大气中，不见天日，备受摧残。但余相信，物质主义、武力主义，决不能永远存在，吾辈之敬爱主义，终有昌明之一日，余立志与物质主义、武力主义奋斗，诸君如肯相信，余最感激。再则余在杭州时，有人赠吾石印一，上刻"太戈尔"三字，余心中大觉感动。余并非宝重区区方寸之石，所喜者为此后"太戈尔"三字，将留印于一部分中国人脑筋中云云。徐氏翻译毕，时已五钟，遂散会。齐鲁大学校长约太氏赴该校游览，晚七钟各校联合会公宴太氏于津浦宾馆。闻明早五钟，太氏即乘津浦四次车北上赴京。

（录自《申报》，1924年4月24日第3张）

演说如美丽的歌唱

泰戈尔氏一行人，原定二十一日早车到济，后因事在南京多留一日，当即电告教厅，改定二十二日早车到济。

泰氏乘北上普通快车附挂花专车，于二十二日早五点许抵济，到站欢迎者有教厅第一科科长张伯秋、女中校长邹少白、一师校长王祝晨、女职校长秦子明、竞进女小校长张步月等。泰氏下车后，即乘马车赴铁路宾馆。各校原拟迎合泰氏性质，在公园开露天欢迎会，嗣以是日风势稍大、尘沙飞扬，露天不便，乃改在省议会议场，时间定为午后三点。

一点左右，各校学生即陆续到场，至两点时候，楼上楼下即已拥挤不堪。适省议会定本日午后二时开茶话会。宋议长与各议员亦纷纷莅止。三点余有齐鲁大学教授外人数名到议长办公室等候泰氏。三点四十五分，泰氏始由铁路宾馆乘马车而至，会场听众鹄候已久，颇形疲倦，至是莫不欢忻鼓舞，静待泰氏登台讲演。而泰氏因会场内人数过多、秩序不好维持，且空气亦不佳，愿改在议长办公室东院讲演。招待者稍为部署后，会场听众遂陆续走出。乃由张伯秋君主席，报告开会及泰氏之学问道德，时北风呼起，尘沙飞扬，听者秩序稍乱。继由王统照君登台，谓在浙在宁欢迎泰氏者，均不如山东人数之多而热烈。泰氏为一诗人，与政治家之演说不同，其演说，譬如一种美丽之歌唱，又如一种悠扬之音乐，务望大家静听云。

泰氏乃矍然登台,时整四点,演说大意谓之:(略,见本书第153页《唯人道主义与普遍的爱可降予人间幸福》)

演说约二十五分钟,由徐志摩君翻译。泰氏演讲时精神极好,态度甚为恳切,吾人观其肃穆之像貌,聆其亲切之言论,精神上有着许多的安慰。泰氏到议长办公室稍坐后,便往齐鲁大学参观。六点,各校校长在铁路宾馆设宴欢迎。翌早五点半,仍乘普通快车北上赴津,由津转京云。

(录自天津《大公报》,1924年4月25日第1张。)

太戈尔抵达北京

印度诗哲太戈尔氏，二十三晚抵京，甫下榻于北京饭店，是夕外界，即纷纷向该饭店通电话，询问太氏是否见客。太氏之随员，答以暂行休息。次日中西人士请见者甚多，太氏皆婉辞谢绝。唯梁任公、蒋百里、林长民等，以学术讲演团代表名义，得与太氏叙谈一小时。

是日适法源寺道阶老方丈，请政绅学及樊罗、郭傅诸诗老，赏玩该寺盛开之丁香。席间由谢楚桢及邓某等提议，谓印度大诗哲太戈尔先生既抵京，我人应欢迎其到会，赏花赋诗，亦一韵事。因即劝道阶方丈，约日请太氏驾临该寺赏丁香，并请其讲印度佛学。时丁香会中诸人，皆韪其说，并主张由道阶方丈先去拜望太氏，因唤茶役向北京饭店通电话，说明有法源寺老方丈道阶欲拜访太戈尔先生，是否愿见？回电允次早上午十一点钟来见。

届期道阶方丈与谢、邓两君同至该饭店，递名片后由升降机登楼，至太氏住房，由太氏随员徐志摩君充舌人。与太氏握手后，徐志摩说明道阶来意，太氏问道阶曾否游历过印度？道阶答在清光绪末年，早经游历中印度及锡兰等处。太氏又问法源寺所讲佛学是何师宗？道阶答以律宗。已而道阶即以谈佛学宗派为请，太氏因答云：本人对于佛学，并无深湛之研究，同行中有一印人名 Professor Seen 者，则为佛学专家，尽可与伊讨论。说至此，徐志摩亦代太氏向道阶声明，谓太戈尔先生

1924年太戈尔与辜鸿铭在北京

最著名的是诗家，又是哲学家，又是戏曲家，又是教育家，实非以佛学见长。末后道阶请太氏往法源寺一游，太氏答以有暇必去，且愿邀同 Professor Seen 偕去，讲演佛学问题云云。至时道阶即行告辞。

　　太氏现住北京饭店一百零四号，同来之三印度人、一美国女士、一英人，为太氏任翻译之责者为徐志摩、王统照二君。闻随行之三印度人，一为诺格，系历史学专家，曾游学巴黎，得有博士学位。一为鲍斯，系印度唯一的美术学家，太氏各诗集中插入之图画即出自鲍手。一位沈先生，系梵文学者专家，研究逾三十年。太氏预知中国人士，必向伊探讨佛学源流，故挟沈以俱行，而其挟历史学家之诺格同行者，则为欲搜集中国古籍。凡关于历史上中印文化之交通，将借以探讨之。鲍斯氏除采集美术材料以外，兼任太氏秘书。本日（二十五日）十一时，三印度学者同赴历史博物馆参观古物。昨日十二时半，由美使馆陆军参赞 Majon Krouei 发起，邀各国驻京人士，在六国饭店欢迎太氏，各公使、领事、参赞、秘书等到百余人，对于太氏，无不表示充分之钦敬。午后四时，由讲学社代表熊希龄、梁任公、汪伯棠、范源濂、蒋梦麟五人名义，请太氏赴北海之宴，并邀教育界名流并议员、政报各界四五十人作陪。太氏演说甚长（其词已纪昨报）。至太氏在京正式讲演地点，已定北大、师大、教部讲演厅三处，讲演次数大约以六次为限。但将来太氏如逗留时间稍久，能应各学校或各团体之敦请，增加讲演次数，亦未可知。女高师本拟请太氏讲演，第恐其精力与时间不及，因乘赴教部讲演厅演讲之机会，即请其就近参观，开一次茶话欢迎会。太氏为保全高年健康起见，故对于一切宴会，除万不得已者外，概行婉辞推却，亦不得不然也。

（录自《申报》，1924年4月29日。）

欢迎者群拥而行

印度诗哲太戈尔已于昨日（二十三）下午七时抵京矣。

太氏一行于昨日上午由济南乘坐专车北行，下午三时余，车抵天津。梁启超曾赴车站欢迎，太氏下车稍憩。适京奉快车亦抵津站，太氏遂同英人恩厚之、美女士葛玲，印度学者诺格、鲍斯、沈（均太氏高足弟子）及徐志摩等改乘京奉车来京，王统照则因照料行李，未同行也。

下午七时十五分，车到东站，赴站欢迎者，有蒋百里、林长民、陈源、林玉堂、张彭春等，尚有北大、师大各校多数教授学生，各团体代表及英、美、日本、印度各界人士，共计约有四五百人。太氏乘坐最末辆头等车，到时欢迎者群趋车旁，鼓掌欢呼，太氏则举手为礼。下车后，欢迎者群拥而行，途为之塞。太氏穿青色长袍，戴绛色冠，苍髯满颊，令人望之肃然起敬。王庚率警前导，引出站门，太氏即同随行者乘坐汽车向东长安街而去，昨晚下榻于北京饭店。

当太氏过南京、济南时，均被两地各界邀请下车讲演。其在南京讲演，会场为东南大学图书馆楼上，听者三千余人，楼几塌落，然已坠四板矣。至济南时，亦受各界热烈欢迎。在省议会会场讲演，听者拥挤不开，几重演塌楼之事。太氏体本羸弱，在途讲演，又受两次惊恐，现拟在京将息三四日，始能开始讲演。其讲演之次数，预定六回，会场大概在马神庙、北大第二院，日期目下尚未定也。

据随行者言，太氏畏火车之震动，而喜乘轮。又闻长江沿路风景之佳，有拟出京之后，由南京乘船西上而赴重庆。太氏又因各地多无适当之讲场，喜为露天讲演，又畏烦喧，凡仪式的宴会，均不愿赴云。

（录自《申报》，1924年4月26日第3张。）

竭力提倡人类团结之精神

昨午（二十五）十二点，英美协会在六国饭店宴请印度诗人太戈尔博士，由总税务司安格联主席，到会者有百余人，因座位有限，后入者均未能与太戈尔同堂。来宾入座后，由美国公使舒尔曼介绍太戈尔，略谓：鄙人为英美协会一份子，并与博士相交有素，故知博士为一思想家，为一诗家，为一儒者，为一教师。博士前在美国讲演人类思想，词句美丽，口才流利，听众数千人，多为知名之士，深为感动，鄙人亦亲聆其词。此次博士来华，英美协会极表欢迎。中华为一古国，开化最早，凡久居中国之外人，咸悉中国文化之价值。印度亦为富于文化之国，但鄙人所知者极为薄弱，请博士略微一述可也云云。

太戈尔衣印度制服，声极温和，讲演彼在孟加拉省所建设之维萨瓦巴拉梯书院成立之历史，略谓：

鄙人之创设此种机关，系为推广鄙人之思想起见，迄今存在已有二十四载。初立时只有学生五名，现已增至二百余人。鄙人所抱之目的，在使彼等研究人类生活。鄙人拟与欧洲接近，以期研究人类发源之历史。泰西文化以欧洲人类为根基，鄙人五十龄时，始敢以英文著书。鄙人著作歌曲甚多，闲暇时译成英文，以资修养病躯。嗣后放洋赴英，中途又有著作。到英后，因无同气伴侣，又无相当住所，故觉失望异常。既未能达到人类之中心，不得不准备返国。彼时印度某画家见鄙人所译之歌曲后,将译文寄送英国文学界阅读。鄙人知所抱之理想,以入人类之中心,因之甚觉鼓舞。鄙人并与英国大思想家相周旋,深悉英国富于豪勇精神之人士,较之他国为多,鄙人旋即返印,竭力提倡人类团结之精神。英国友人多来援助鄙人,本于人类团结之根基,以谋书院之发展。嗣后鄙人赴美一行,途中在日逗留,鄙人则见日本陈设兵器多种,此种兵器,系因中日战争由中国获得者,鄙人对于此举甚觉耻辱。因此种行为,只能鼓励人民之备战,增加邻国之恶感。深悉世界之痛苦,均由战争得来,故兵凶战危,实为野蛮之行为,并与思想之精神相距过远。此种步骤,名为国家主义,实亦不过自私自利而已。但日本旧式人民甚多,彼等极为简朴诚恳,待人周至,并精各种技艺。鄙人对之极表重视。唯日人所抱之国家主义(即闭关主义)于理殊有未合,致使全球大受损失,印度亦受此种影响。鄙人本于心中之感想,有所著作,抵美后当众演说,美国亦有闭关之精神,只知有己,藐视他国,殊与耶教原理不符,并与人道有伤。但人类团结之时期,现已来到,唯须将贪婪之心完全铲除,方能达到目的,否则人类更必大受损失。欲矫此弊,非以美好观念防范意气用事不为功。美报对于反对国家主义,多不表示赞成,如孟策斯德报则谓鄙人所用之名词,有所误会,所谓国家,应指省份而言等语。鄙人返印后,又对本国人民讲演全世界致病之源,并提倡人类团结之必要,兵凶战危,必须设法铲除。然彼等听众,则谓鄙人所抱之目的,系使彼等自弱而已。盖彼等均欲凶悍骄强,鲁莽灭裂,彼等无暇研究高尚思想,彼等认战争为优胜劣败之利器。

欧战结局后,鄙人曾赴欧洲,颇受一般人士之欢迎。但鄙人深信,欧洲人士之所以表示欢迎者,并非因译书之故。因欧洲各国系欲由远东觅一新法,以为改造欧洲文化之基础而已。故鄙人之演说,听者多以为是。唯此事极关重大,甚愿日益相离之两半球团结一气,以谋战祸之消弭。故鄙人愿将今世之观念，加以表示。质言之，即现时各国多以科学发达之故，日益接近，但欲达到此种目的，非以哲学为之媒介不为功。鄙人在欧时，曾设法聘请大思想家来印参观书院，予以援助，巴黎之洛威博士循鄙人之请，前来参观。洛氏精于印度法律与历史，竟在孟加拉省盘桓一年半之久，德国某名儒亦曾驾临。嗣后来印者，尚可继机而来云。

（录自《申报》，1924年4月28日第3张。）

游北海并演说，听者莫不心醉

太戈尔自二十三日抵京后，因长途厌倦、风尘劳顿，须休息两三日，始能应各方面之公开演讲。昨日（二十五）讲学社特柬约学界人士及在野名流，在北海开茶会，以便太氏游览。

昨日（二十五）风和日暖，确是北方春季模范日，北海苍松古柏、碧水绿茵，不愧为北京名胜。徒以近来门禁森严，不易观赏，昨亦为此远来诗哲开放数小时。三时前后，主人梁任公、汪大燮、熊希龄、熊夫人、范源濂先后莅止。三时二十分，太戈尔、鲍斯、沈三人同乘一汽车到静心斋，因布置未妥，先至松坡图书馆参观，并游览小西天。太氏服蟹青色长袍，戴枣色冠，鼻架花镜，脚穿中国式绒鞋，长髯苍白，笑容可掬。同行者除恩厚之、葛玲女士外，皆服印度服。沈君为印度梵文学者，印度各省方言无一不通。鲍斯为印度有数美术家，太氏著书及装插画，皆出其意匠。诺格为历史学者，与法之罗曼·罗兰交最密。四时左右，来者益多，胡适、张彭春、张歆海、梁漱溟、林长民、林志钧、蒋方震、杨荫榆女士、林女士、王女士、曾女士、威礼贤（德人）、庄士敦（英人）等五十余人。

五时开茶会，及半由梁任公起立致欢迎辞，大意谓：中印两国是兄弟之邦，一千三四百年以前，印度伟人来游吾邦者趾踵相接，故吾国文化上所受印度之影响深且大。今兹吾人又获与印度现代伟人相接，使数百年中断之沟通又得一接近之机缘，此实吾人最为荣幸之事。吾国之哲学、文学、美术、雕刻、小学、音乐，乃至于医学、数学、天文，亦莫不受其影响，余将于明日（即二十六日）及后日（即二十七日）在师大、北大讲演，聊表欢迎太氏之意。梁任公演毕，由张彭春译成英语。继由太氏答词，历三十分钟之久。为到华以来最有兴趣之演说。

太氏措辞优雅巧妙，声调抑扬有节，听者莫不心醉。大意谓：

古代印度诚有伟大人物来游中国，而中国文化直接间接受许多影响。但今日环境不同，印度在此过渡时代，已不能产生伟大人物，诸君若以此期待鄙人，则难免失望矣。余为诗人，余愿诸君以诗人待余。若高登演坛，向群众为形式之演讲，则非余之所欲。余自到华以来，除闻人赞词或逼余演讲外，几若仍居故乡，余亦不自解其原因安在。或许余前生为中国人，在深山孤岛、穷荒僻壤之中，了其一生。故其在华之印象，无丝毫觉为新异者。余最喜与少女游玩，居乡时，余之孙女、甥女皆为余最好伴侣，当余首途之日，彼等咸来相送，惜别依依，余亦顿感岑寂。不料余来京，乃获与中国诸位女士相见，而其年龄又适与余之孙女、甥女相等，使余益觉有趣。余今日且获坐于诸位女士之间，余衷心之愉快，岂可言喻。不幸余老矣，须发苍白，意态龙钟，谁复肯与余为游侣？（听者大笑）中印两国诚如梁先生所云，为兄弟之邦，余此行果能使两国间得复其旧有之友谊，余之愿望，无有过于此者矣。吾两国先民之努力，在精神上、道德上，对于人类实有莫大之贡献，今后正宜发挥吾侪文化所结晶之"爱"感化西方民族。使此悲惨无情之世界，得有救济良方。世人常谓余排斥西方物质文明，其实不然，西方之科学实为无价宝库，吾侪正多师承之处，万无鄙视之理。特其物质的财富之价值，或不如精神的财富之永久，故有轻重永暂之差，无可否之别也。余间尝默想今日世界状况。但觉其苦恼悲惨

无情，而不禁悯然忧之，东方文明犹如朝暾，西方文明犹如火，同一光也，而其光之本质与力量迥然不同，此东西文明，所以不能相提并论也。今日来会者，多属教育家，余请略言教育。教育贵有理想，有理想而后能收其效果。今日各国教育有组织、有系统、有编制，独缺理想，余每念及，辄为心痛。然吾侪之理想，绝非只恃言论所能收功，故余欲从学校下种子，使他日有萌芽教育之望，余办一大学，名曰"世界学识大学"，在校学生皆为传播余理想之种子，余甚盼中国教育家能以理想为根据，而后教育方能尽其真正使命。

太氏演毕，宾主又欢谈至六时二十五分，始尽欢而散。闻与太氏同来之美国葛玲女士定于今晚（二十六）首途回美。至太氏演讲日期地点尚未确定，当在一星期以后也。

（录自《申报》，1924年4月28日第3张。）

时闻寺钟暮鸣令人意远

北京佛化新青年会前日（二十六日）早晨，邀请泰戈尔氏门（原文如此，疑为"至"或"到"）法源寺赏丁香花。泰氏于午后三时始赴会。是日早间该会同人齐聚寺内肃候。

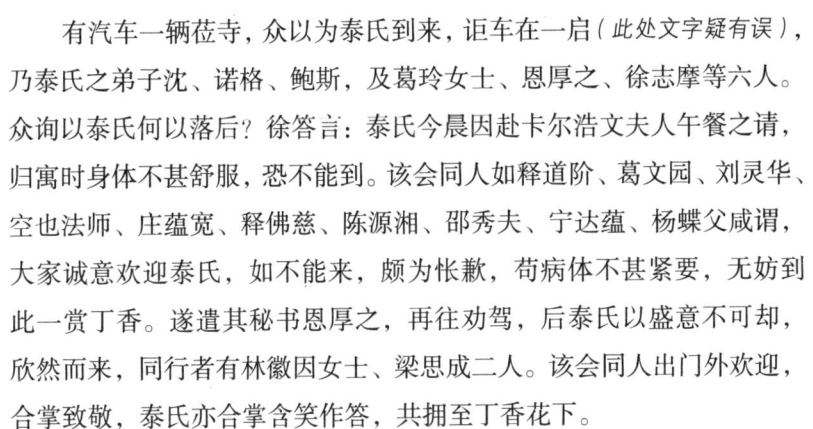

有汽车一辆莅寺，众以为泰氏到来，讵车在一启（此处文字疑有误），乃泰氏之弟子沈、诺格、鲍斯，及葛玲女士、恩厚之、徐志摩等六人。众询以泰氏何以落后？徐答言：泰氏今晨因赴卡尔浩文夫人午餐之请，归寓时身体不甚舒服，恐不能到。该会同人如释道阶、葛文园、刘灵华、空也法师、庄蕴宽、释佛慈、陈源湘、邵秀夫、宁达蕴、杨蝶父咸谓，大家诚意欢迎泰氏，如不能来，颇为怅歉，苟病体不甚紧要，无妨到此一赏丁香。遂遣其秘书恩厚之，再往劝驾，后泰氏以盛意不可却，欣然而来，同行者有林徽因女士、梁思成二人。该会同人出门外欢迎，合掌致敬，泰氏亦合掌含笑作答，共拥至丁香花下。

首由该会服务部邵福斌请张宗载述欢迎词，张致欢迎词，由陈源湘译为英语。略谓：我们中国佛化的孩子，其母亲远从印度来，吾辈实欢喜无量云云。演毕，即由该会宣传委员葛文园女居士率领女生唱欢迎歌，声音异常和雅幽妙。斯时泰氏睹此情境、听此歌声，面带喜容、口发微笑。歌毕，即起立演说，一时鼓掌之声，震动殿宇。

泰式操吐英语演说。略谓：

鄙人理想之中国，不意今日得到，尤其是今天所到的地方，是我理想中想到的。我以前作了许多诗文，现在觉得都无大用，到中国后至今天，才算得着点好处。为什么呢？我想继续印度以前到中国来的大师所未尽之事业，此种责任，应与中国青年共负之。我并欲带点东西同回印度去，这东西，就是从前印度佛化在中国结成的果子。印度所带到中国的，都是大爱与和平，与西洋之政治、商品完全不同，其收获亦不同，这就是东方文化之精髓云云。

说毕，遂由女生唱歌，摄影而散。演说之时，听众围绕，有一种特别融洽亲密之流露，可谓同情精神之表现。鸟语嘤嘤，树影参差，时闻寺钟暮鸣，令人意远。鼓掌之声从听众四方而起。一种真诚优雅之流露，颇给听众以不可思议之印象。泰氏临行拾有桌上之绿糖两块，以给一极小之女生。而美专学校游少彬女士，特为佛化新青年会绘牡丹花一幅，以赠泰氏。一般到会人士，均认此会精神极为圆满，散会之后，均欢喜踊跃，叹为稀有云。

（录自《晨报》，1924年4月28日第6版。）

泰戈尔游览御花园

溥仪特为两诗人留影纪念

　　京函云,昨二十七日早溥仪忽降手谕,令内务府大臣郑孝胥暂勿出府。郑莫明其意。然不能不恭候待命。钟鸣十下,印度诗哲泰戈尔同秘书英人恩厚之、美人葛玲女士,及其弟子诺格、鲍斯、沈三位印度学者,并徐志摩等,同乘汽车至神武门,由宫中招待人导之入内。溥仪身着布服,候之于御花园。闻泰氏至,则召郑孝胥入园作陪。郑至是始知废帝今日留彼在府,为欢迎印度诗哲也(郑孝胥虽为内务府大臣,从未窥御花园,昨日算为第一遭)。泰氏等既入园。溥仪一见大喜,举左手向泰氏让座。并以右手按郑孝胥,亦令之坐。乃谓泰氏曰:"先生为印度大诗人。郑孝胥则吾国之大诗人。今日相遇于此,实不易得之机会,吾先为两大诗人留影以为纪念。"说毕离座,令为二氏合拍一照。溥仪既又坐于二氏之间,复摄一影。拍照者,为廊坊头条容丰照相馆主人也。摄影既毕,泰氏谓郑孝胥曰:"君为中国大诗人,亦解英文否?"郑操英语答言:"吾所知者甚浅。"继则溥仪以英语与泰氏作谈,颇为流畅。旋溥仪导观园景一周,泰氏即告辞出园。与随员等步至神武门,驱车而去。此次泰氏进谒废帝游览御花园之介绍人,则为溥仪之英文教师英斯敦氏("英斯敦",即庄士敦)也。按泰氏游杭州西湖时,曾与诗人陈三立相见。昨又在御花园与诗人郑孝胥晤。两次均有留影纪念云。

(录自长沙《大公报》,1924年5月2日。)

一九二四

1924年泰戈尔在北京与溥仪合影

与北京学生相见于先农坛

东西文化之不同
吾人前途之光明

昨（二十八）印度诗哲泰戈尔，与北京学生相见于先农坛。午后一二时，即有无数男女学生驱车或步行入坛，络绎不绝，沿途非常拥挤。讲坛设在雩坛内之东坛（即一品茶点社社址），坛之四围，布满听众，计有两三千之多。京学界各团体之代表均聚集坛上，天津绿波社亦派有代表来京欢迎。至三时零五分，泰氏始到，乘坐汽车至雩坛门前下车。林长民为导，同来者为其秘书恩厚之、葛玲女士及林徽因、王孟瑜两女士并梁思成等。泰氏缓步入坛，仪容穆然可敬，一般听众咸鼓掌欢迎，声同爆竹。泰氏登坛就席，先由林长民对众介绍，略谓：泰戈尔先生到华已有半月，几乎无人不知，实无庸介绍，日来外间对于泰戈尔先生有不甚明了者，诸君当知泰戈尔为世界大诗人，在诗界革命建有大功绩，今日大家听其演说之后，即知此大诗人之态度、之功绩，且对中国将来之光明，大有关系云云。

次泰氏用英语演说，约历一小时之久，声音清越，虽在数十步之外，听了了。泰氏演毕，休息十分钟，由徐志摩简单翻译出演词，大要如下：

吾今日受诸君热烈之欢迎，使吾心中大为感动。盖诸君今日所以欢迎吾者，乃以亚洲民族和平亲爱之精神，及基此精神所发之和声也。

吾今所欲告诸君者，为东方文化与西方文化不同之处，及吾人对于东方文化之希望。诸君须知吾亚洲人士受西方人士之压迫，已非一朝一夕，然彼等所用以压迫吾人者无他，体力及智力而已。吾人受西方人士过度之压迫，几自忘吾人所已有之位置，以至西方人士来吾人之亚洲，吾人竟不能以主人之资格欢迎之。吾人不知吾人家中所藏，究有何物，更不知在此家藏各物之中，究竟何者足以为欢迎西方人士之瑰宝。以故对于嘉宾，遂不能有所贡献。然究其实，吾人并非无宝藏，足以结好嘉宾，乃恋眠未醒，不曾正眼自顾其宝藏耳。唯是今吾人有以结好嘉宾之期不远矣，盖人类乃分期进化者，今吾人已进化至于第三期也。吾人历史之初期，为洪水猛兽时代，在彼时人与洪水战，又与猛兽之爪牙战，以争生存，虽吾人之力，不如洪水猛兽，而吾人因有脑力之故，遂卒战胜之。至于第二期，则为体力智力战争时代，体力智力强者，遂征服其较己为弱者。今西方人士，正到达于此时代，故彼等所以用为征服一切之具者，均不出于此智力体力之范围。唯吾东方人士，则已超过此时期矣。吾东方人士今已到达于第三期，吾人已霍然醒觉，知体力智力征服之世界而外，尚有一更光明、更深奥、更广阔之世界，吾人于黑暗寂静之中，已见一导引吾人达于此光明、深奥而广阔之世界之明灯，唯吾人如欲到达此世界，则吾人不可不知服从与牺牲，乃吾人到达彼世界之唯一阶梯。吾人欲得最大之自由，则必须能为最忍耐之服从；吾人欲得最大之光明，必须能为最轰烈之牺牲。何则？服从之后，即自由之路；牺牲之后，即光明之灯也。吾人往者如未破壳而出之雏鸡，虽在壳中，亦非无光明。然其光明乃极小限度之光明，必须破壳而出，乃获一更大之光明。而此日之吾人，即已将破壳而出之雏鸡也。世人对于吾人——譬诸雏鸡，固多疑为不能破壳而得最大之光明者。第吾人则自信必能破壳而出，且到达于真理之最深处。唯吾人尚须有一度之大牺牲耳。牺牲自普通人观之，自是损失，但以吾人所知,则损失初不外肉体之损失,而肉体虽受损失,精神则不受损失,且可因此大损失而得一大利益,此利益维何,即使吾人得以到达最光明之世界是也。总之,未来之时代,决非体力智力征服之时代,体力智力以外,尚有更悠久、更真切、更深奥之生命。吾东方人士今日虽具体而微,然已确有此生命矣。西方人士今固专尚体力、智力,汲汲从事于杀人之科学,借以压迫凌辱体力智力不甚发达者,即吾人亦尚在被压迫之中。但吾人如能为最大之牺牲,则吾人不久亦即可脱离彼等之压迫矣。此次吾至中国,吾深感中国乃一至奇异之国家,中国有如许绵延不绝之历史及伟大悠久之道德,而其道德又适为牺牲之道德,恰如吾人想象中之一国家。此为吾最感动而欣喜者。而今日诸君之热烈欢迎,则尤为吾之所感谢不已者。

闻泰氏一行于昨日下午移寓东单牌楼史家胡同克利饭店。溥仪之英文教师庄斯敦氏,则定于今日下午□时,在其油漆作私宅,招待泰氏,京中智识界一部分均在被约之列。泰氏今日于赴庄茶会之后,即到清华学校讲演。

(录自《晨报》,1924年4月29日第6版;又见《纪泰戈尔之雩坛演说》,天津《大公报》,1924年4月29日第1版;《太戈尔在先农坛之演讲》,《申报》,1924年5月1日,第18380号。)

一国之诗绝对不能译成他国文字

读诗难译诗尤难

泰戈尔诗界革命战迹之回顾

前晚（二十七日），京中对于文学有兴味者，公宴印度诗哲于金鱼胡同海军联欢址。来宾为泰戈尔、鲍斯、恩厚之、诺格、沈、葛玲女士六人，陪宾为威礼贤（德人）、庄斯敦（英人）等数人，主人则有梁任公、胡适、林长民、傅铜、陈源、张歆海、张彭春、蒋百里、徐志摩、林宰平等三十余人。是晚预定只有谈话，并无演说。不料林长民在席间谈及同人欢迎泰氏之意，略谓：

吾人并非以哲学家、教育家、宗教家欢迎泰氏，实以世界的诗人、革命的诗人欢迎之也，是以吾人之欢迎有无穷之深意，而泰氏此行亦有重大之价值。吾国本有诗，但缺有系统之整理。现正为诗的革命时期，泰氏为世界的诗的革命先觉者，吾深信泰氏必能以其勇识传授吾人也。

此一段谈话居然触动泰氏心潮，使其不能不打破沉默，而发挥其雄辩矣。泰氏起立为一小时之长演说，而演说内容皆历述其诗的革命之动机，与其经过之事实，及其诗之基础信仰，愈说愈有兴趣，步步引人入胜，听者无不五体投地。威礼贤语人云：非在中国，泰氏决不能有如此自由之演说，中国人真厚福也。原文已由恩厚之、徐志摩二君笔记，正在整理翻译，务期一字不差、原意不失，译成汉文，不日刊登本报副刊。兹先略记数语，以慰读者先睹为快之心。泰氏谓：

余之作诗,纯以自然为对象,余之诗体,决非模仿欧洲,亦非取法吾印。余反对印度古诗,同时亦排斥欧洲新诗。当余初创余所独有之新诗体时,世人多不了解,许多批评家群起驳难,余因自信甚坚,概置不理。近来渐有赞成余之诗体者,然真能理解者,尚属寥寥。一国之诗,绝对不能译成他国文字,一译便失却真意。譬如但丁为世界大诗人,然余至今尚未能领略其微妙处。余不懂意大利语,无从读其原文,仅靠英译本,则译文与原文变成两物矣。又如海呐（当为德国诗人海涅）为有名诗家,方余读英译本诗,颇觉无甚佳妙,后习德文,渐能神会。然格特（当为德国诗人歌德）之诗,则至今尚不甚解,读诗之难有如是者。故真欲了解余诗好处,非读班加利（即孟加拉）原文不可。英译本已失去许多妙味矣。过去诗人每因享受大名之后,任意滥作,世人受其余毒,故成功为诗人堕落之始,不可不慎也。

泰氏演毕,时已夜间十时许,宾主又欢谈片刻始散,到者皆极满意而归。闻胡适建议,请泰氏将是夜演说,再为修改,即作为将来第一次公开讲演之底稿,唯尚未决定云。

（录自《晨报》,1924年4月29日第6版。）

诗中有画，画中有诗

今明日泰氏小住清华园，其弟子将赴大同游览

北京画界同志会，自昨日起，假樱桃斜街贵州会馆，开书画展览会，印度诗哲泰戈尔同其秘书恩厚之及徐志摩等，于昨早十一时，前往参观。该会会员姚茫父、陈半丁、凌文渊等先期闻之，遂开茶会招待。到者百余人，公推凌文渊致欢迎词，略谓：

今日本会同志，以画人资格，欢迎泰戈尔先生，皆具有特别感想。吾国前贤评诗与画者，有言"诗中有画、画中有诗"，此二语，世界上凡诗画名家，无不承认，盖诗画在艺术上有一致之精神也。本会今日欢迎泰戈尔先生，意即在斯。唯今后艺术趋势，如徒墨守成规，而无一种创造思想寄寓其间，则所谓诗，无不为格律所拘；所谓画，无不为稿本所陷，其真正美感，绝难自由发挥。故诗画在今日，均有改革之必要，泰戈尔先生于诗之革命，已着有大功绩。本会同志甚盼泰戈尔先生，就其所以革命于诗者，导我同志于画，俾令东方艺术上开一新纪元，本会同志愿闻教言云云。

嗣由泰戈尔演说，略谓：

凌君所举"诗中有画，画中有诗"二语，余甚承认，又谓诗人与画人在艺术上有一致之精神，尤表同情。盖艺术无国界，最称高尚。中国

1924年泰戈尔在北京景山庄斯敦家与颜惠庆（前排右）、林徽因（二排左二）、徐志摩（三排左一）等。

艺术源流，在历史最为悠久而深奥，西方人士不知中国文化者，往往误谓中国艺术将有断绝之虞，其实不然。余昔游日本，由某收藏家约观中国画，早已叹赏不置。及至中国，觉得民族爱美的实现，有自己的理想，甚是相合。并极相信爱美的精神不易磨灭，唯有时暂为消沉，但是如泉水之流于地中，不久又能涌出地上，仍然进行，或者反加活泼。今观诸君作品，已入此境矣。不过，余对于中国画，尚有两层意思：（一）须将历史的遗传与现在的关系合一研究之；（二）将印度与中国美术上可以使他得到融洽机会，如百川合流，益流益大，于美术前途大有希望。又云：余昔亦曾游历西方，但其见闻所及，有如履行沙漠，干燥无味。一到中国，如睹绿洲，今观诸君作品，咸有趋于新的发展之倾向，此等愉快，岂可言宣？云云。

演毕，全体鼓掌。散会后，泰氏参观作品始去。泰氏离贵州会馆，即赴油漆作庄斯敦宅之茶会。至时为下午二时，座客以英美人居多，华人则有颜惠庆、陈源、胡适、张彭春、徐志摩、王统照及林徽因女士等，合计中外来宾有三十余人。席间并无演说，拍照甚多，他日当觅制铜板，披露本报。泰氏莅临此会，甚为欢悦，与庄斯敦恳谈甚久，始同徐志摩、恩厚之等乘坐汽车出城赴清华园。昨晚泰氏即宿于清华学校，闻拟小住三日云。

泰氏之弟子鲍斯、诺格、沈三印度学者昨日未与泰氏同赴贵州会馆观画，闻定于今日往观。又闻三氏将与南开大学李骥同同赴大同游览。昨因车票未备，故未成行，快则今晚，迟则明日，即可就道。其在大同勾留之时日，预定为一星期云。又闻泰氏未赴画会参观之前，曾往访北大教授德人钢和泰，钢氏为研究梵文学者，泰氏昨与晤谈甚畅，闻将与钢合著一书云。

（录自《晨报》，1924年4月30日。）

泰戈尔之画系文人画

鲍斯详询我国画家之派别笔法

京函云,印度诗哲泰戈尔之高足弟子鲍斯、诺格、沈三氏,一日早与李骥同赴洛阳矣。当其未出京之前,曾赴樱桃斜街贵州会馆,参观绘画展览会(为四月三十日上午十时至十二时事)。该展览会为北京画界同志会欢迎日本来宾而举行,陈列画品计有八百余件之多。鲍斯等赴会时,由该会会员凌直之、齐白石、姚茫父、陈半丁、王梦白、凌宴池诸人招待。并请黄子美翻译。鲍斯氏为印度一著名画家,当出示其影作品数种,以佛像居多,均苍古朴厚,与我国古画颇有相同之处。可知佛学东来时,吾国于画佛像及人物取法于印度之处,亦复不少也。鲍斯作品,于设色一层略参西洋画法,故在印度为新派画家。是日对于中国画学问询之点,一一由姚、凌二人答复。问者为鲍斯。答者则姚、凌二人。兹探得其问答之概要于左。

问:中国画派别如何?

答:中国画简单分类,可因时代、地域、家数几种不同,分出派别极多。时代则自上古以迄近代,几各朝各有特点。地域则有南派北派之分。今因时间匆促,不及详谈。家数可分为文人画、画家画、匠人画三种。文人画大都高人逸士,偶然寄兴,不求其工,自然超妙。画家画则法度井然,功诣甚深,其画法可以教人,可以力学。匠人画则临摹而已。文人画不易多观,画家画较为流行。至匠人画则以供社

会绘画物件等之实用,不能列入美术界内。唯有一种人,专以临摹翻写古人及近人之画家为事,其术固优于匠人,而其品则下于画家。此类应列入画家及匠人之间,无以名之,名之曰画之贼。不独吾国如是,想各国画界亦均有此类人屡人也。鲍斯谓,此种分派,与印度大略相同。(按:泰戈尔之画系文人画,鲍斯画系画家画。凡匠人画用手,画家画用脑,文人画用精神。)

问:在何朝何派最盛?

答:朝代相连,不能显分界限。今约略言之,匠人画发源最古,吾国六书象形一种即有画之雏形。降至秦汉六朝石刻,均可谓之匠人画。至唐五代北宋时,画学进步,画家迭出,可谓画家画兴盛时期。至宋元以迄近代,文人学士往往寄兴于丹青,文人画遂多。此时代可算文人画兴盛时期。唯文人之画,初本无法,后人效之者众,以其笔法为师,推为画宗。斯时文人画与画家画无异,故其界限亦难以显然划清也。

问:此数种画最古者,刻下可有真本见示否?

答:六朝画像,仅有石印。唐宋画真者几等于凤毛麟角。以唐宋古画,均用绢,不易保存。元以后始用纸画,纸质较绢经久。故元画今尚有存者,但膺鼎极多,真者亦不易得。近来古画之著名者,如吴道子画人物等数幅,均已盗卖于西人,殊为可惜。余曾在伦敦、巴黎,见中国古画数幅。

问:元代纸画此时能仿造否?

答:亦可仿造,唯有识者,总能辨识。

问:辨识古画之真伪,有何简单之方法否?

答：辨识古画，可以其绢底颜色、笔法之不同而加判断，唯各有心得，大约经验既多，自有眼力，难以言语形容也。

问：中国习用颜色，古今有何区别？

答：画之颜料，大约可分矿质、草料二种，元以前用矿质居多，元以后始用草料及墨。

问：中国画书画相通，究于何时书法融入画内？

答：吾国书与画相通，始于上古篆文象形，几乎书即是画，画即是书。以后画逐渐于书中分出。故呼吸相通，大凡不善书者，对于画亦难于登峰造绝也。

问：中国画由数多笔数集成，其笔法有分别否？

答：笔法分类极多，人物、花草、山水各有笔法，山水尤多，另有专书，非力谈所能尽。

问：各种笔法何人发明？

答：人数极多，难以一一指出，亦有不宜查究者。大约始创此法者，往往无意出之，后人守其法度，又经考古家收藏品评，加以名称，遂成各种名目。（鲍斯谓：收藏家、考古家在画界可算功臣矣。）

（答：然。古画之宣扬流传及优劣之指导，全凭此类人也。）

问：学中国画，如何学法？从学校中学，抑系个人自学？并用合法？

答：匠人画由师传授，等于学徒。画家画个人自学，或由学校学习均可。唯文人画，须胸襟高超、学问渊博者方能为之，非学校教师之所能教授。即闭户力学，亦非人人所能也。

问：学中国画者，心中着想，应从何处入手，并用何种方法入门呢？

答：学者各有方法，各有会心之处，难以言传，匠画不论。愚见以为画家画应从法度入手，文人画应从文学、诗歌、哲学等入手，并须于人品上注意。

问：画家写出天然境物有何书本方法可学否？

答：书少善本，尽信书不如无书，唯有《芥子园》一书，尚可备参考。唯少精刻本。（鲍斯谓：印度画亦有六法，大约与中国画有相同之处，后当对于论画书籍，寄奉数种，以备参考。）

问：三种人如何生活？

答：文人画作者，大抵生前负重名而不愿为人画者。亦有为社会轻视而没，其后声名大著者。画家画作者大都另有职业，以此为附属业务而已。唯匠人画，则其人均专以此为生耳。

以上问答，历二时半之久。后有凌、姚等导观各种陈列画品回去。

（录自长沙《大公报》，1924年5月8日，第3版"琐闻"栏。）

在清华讲演

印度诗哲泰戈尔，于前月二十九日下午，与其秘书恩厚之及徐志摩等同赴清华学校，三十日休息一天。昨晚应该校学生之欢迎会，又有长篇演说，其大意与在雩坛所讲相同，唯其中有可纪者，则泰氏曾谓彼之至中国，如归故乡，至为愉快。又谓华人在表面上观之，似多为唯用主义者，其实华人审美之观念极深，虽极微细之物，均含有美术。是以到处均感其美，非如科学发达之欧美，到处均觉其丑者所可比也云云。

梁启超氏于昨日下午赴清华学校讲演，亦为欢迎泰戈尔也。其讲演为《绝对自由与绝对的爱》，与前月二十七日在北大第三院所讲者相同。此稿一两日内可登本报副刊，兹不详述其内容。闻泰氏昨曾对梁要求，请将两次演说（即指是篇及在师大讲演之《中国与印度文化之亲属的关系》）稿全译英文，以备携回本国。其对梁氏，殊相得云。泰氏之弟子鲍斯、诺格、沈三氏，于昨日上午十一时，与南开大学教员李骥同由西站出发，赴洛阳参观龙门各碑刻，并拟顺途前往郑州、开封游览。致其大同之行，当在八日以后，盖因本月八日为泰氏生日也。

（录自《晨报》，1924年5月2日。）

梁启超新赠泰戈尔华名"竺震旦"

泰戈尔氏已于昨日下午返京，仍寓史家胡同。本月八日为泰氏生辰，北京新月社同人拟于是晚八时在协和大礼堂表演泰氏杰作《契玦腊》（今译《齐德拉》，下同）戏剧。剧中主角有林徽因女士及张歆海、杨袁昌英女士、徐志摩、林宗孟、蒋百里、丁燮林诸君。梁启超氏新赠泰氏华名"竺震旦"，"竺"与"震旦"系两国国名，表两系文化接近之意，而"震旦"二字又为泰氏之名"拉宾德拉那脱哈"之意译。盖"拉宾"在印文为平旦之光，而"德拉那脱哈"乃雷神之意也。梁氏闻将于是晚，本此意作极有趣之演说。而是晚主席则已推定胡适之君云。

（录自《晨报》，1924年5月6日。）

新月社同仁为泰戈尔做寿

五月八日是诗哲泰戈尔六十四岁的生日,适在北京,所以新月社同仁就替他做寿,特演泰氏所作名剧《契玦腊》,以表祝贺的意思。是晚来宾皆由新月社柬请,纯为文艺的聚会,与普通剧会完全不同。九时泰氏偕其弟子沈、鲍斯、诺格及恩厚之诸人莅会。众宾鼓掌欢迎,泰就席于台下中央之安乐椅。九时十五分胡适之用英语宣告开会,并述庆祝泰氏的意思。略谓:

我们今天庆祝泰氏有两种意思,第一是庆祝泰氏六十四岁的生日,第二是庆祝泰氏中国名的命名日。泰氏是诗哲,并且是革命的诗哲,中国文化受印度影响很多,今天我们能够在这里欢迎代表印度的最大人物,并且刚逢着他的生日,替他做寿,实在是凑巧极了。梁任公先生又替他起一个中国名,今天就是命名日,所以一方祝贺老诗哲六十四岁的生日,一方又是祝贺一位刚生下来不到一天的小孩儿。

胡适演说尚加了许多诙谐,笑声四作,尤显得此夜是最祥和、最有兴趣的集会。继由梁任公上台说明为泰氏命名的意思,由胡适之口译,大意略谓:

今天的寿星很有趣,他和我见面第二次,要我送他一个中国名,说道:"我不晓得什么缘故,到中国便像回故乡一样!"莫非他是从前印度到过中国的高僧,在某山某洞中曾经过他的自由生活?他要求我送给他一个中国名字，还说他原名上一个字Rab是太阳的意思，下一个字Indra是雷神的意思，要我替他想"名字相覆"的两个字。我当时不过信口答应罢了，过两天他又催我，还说希望在他生日那天得着这可爱的新名。向来我们译外国人名有两种译法：一音译，如"佛陀""鸠摩罗什"之类便是。二意译，如"婆薮槃豆"亦译作"世亲"，"世"即"婆薮"之意译，"亲"即"槃豆"之意译；如"佛陀跋陀罗"亦译作"觉贤"，"觉"即"佛陀"之意译，"贤"即"跋陀罗"之意译。我想印度人从前呼中国为"震旦"，原不过是"支那"的译音，但选用这两个字却含有很深的象征意味。从因噎废学的状态中蓦然一震，万象昭苏，刚在扶桑浴过的丽日从地平线上涌现出来（旦字末笔表地平），这是何等境界！泰戈尔原名正含这两种意义，把它意译成"震旦"两字，再好没有了。又从前自汉至晋的，西来古德都有中国名，大率以所来之国为姓，如安世高从安息来便姓安，支娄迦识从月支来便姓支，康僧会从康居来便姓康。其间从天竺——即印度来的便姓竺，如竺法兰、竺佛念、竺法护，都是历史上有功于文化的人。今日我们所敬爱的天竺诗圣，在他所爱的震旦地方过他六十四岁的生日，我用极诚挚极喜悦的情绪，将两个国名连起来，赠给他一个新名曰"竺震旦"。我希望我们对于他的热爱跟着这名永远嵌在他心灵上，我希望印度人和中国的旧爱借竺震旦这个人复活转来。

次为沈氏的印度唱歌，又次为泰戈尔的谢辞，约历十分五之久。泰氏登台，全场起立致敬。辞长他日另录。名剧开幕之前，新月社为表示新月意思，由林徽因女士饰一古装少女，服装独出心裁，奇美夺目，黄子美君之三公子（六岁）饰一幼童，乖巧可爱。两人恋望新月，宛如画图，全场鼓掌，叹未曾见。听众所渴望的名剧至此才开幕，《契玦腊》一剧，传论遍全球，但中国人还有许多未曾领略其味，我们且先把它大意说说。印度孟尼钵国王无子,有女契玦腊,好男装,尚武艺,名震全国。阿纠那为柯路斯王家子,亦以武勇名于时,隐于森林中,誓十二年不娶,游行各地。一日,阿纠那正卧息林中,契玦腊突至,契服男装,见阿英勇奇伟,欲求爱焉。阿不愿而去,契殊懊丧,乃诉于"爱神",求赐殊色,神果许之,但以一年为期。一日,阿复遇契于林中,契得神援助,艳丽绝伦。阿一见倾心,竟破誓求爱。林中初恋之后,契忽悟阿所爱者,非真我,诣神自艾,神慰之。契阿情爱日浓,一日在林中,契为阿制花冠,亲为加戴。契阿相爱,契未以真名相告,故阿不知其为契玦腊也。某村昔受契玦腊保护,无盗患。契忽失踪,群畏盗来,皇皇相告。阿适至该村,闻而爱慕契之武勇,渐与其所识之女(即契)眷恋。后契露真面目,自承即为契玦腊,孟尼钵王之女。阿大喜,爱情复圆。

全剧大要如此,此剧用意即为表示男女恋爱,非肉体美所能永持不变的,因倾慕才艺所生之爱,才是真正爱情,这是《契玦腊》一剧所以有重大意义和价值的原因。是晚,林徽因女士饰契玦腊,张歆海君饰阿纠那,为剧中主角。徐志摩君饰爱神,林宗孟君饰春神,王孟瑜女士、杨袁昌英女士、蒋百里君、丁燮林君皆饰村人,张彭春君担任导演,梁思成君担任布景。因剧本尚未翻成国语,故用英语。林宗孟君须发半白,还有登台演剧的兴趣和勇气,真算难得,父女合演,空前美谈。第五幕爱神与春神谐谈,林、徐的滑稽神态,有独到处。林女士态度音调,并极佳妙。张歆海君做作,恰与相称,可谓双绝。不日本报副刊当另有评论,兹不多述。演毕散会,时已一时一刻了。

(录自《晨报》,1924年5月10日第6版。)

在真光影戏院为北京青年第一次公开讲演

印度诗人泰戈尔氏，应讲学社之请，昨日在真光影戏院开始向北京青年为第一次之公开讲演。所讲者为泰氏幼年时代运动文学革命之经过。讲演时间为上午十一时三十分至下午十二时三十五分，先由梁启超介绍，次泰氏用英语演说，演毕休息十数分钟，又有徐志摩为之翻译。当泰氏未到场前，有人分散"我们为什么反对泰戈尔"之传单，与前度发现于雩坛者同。故梁致辞介绍时，曾谓新旧非年岁问题，乃精神问题，亦非皮相问题，乃骨髓问题。今泰戈尔年龄虽老，而精神则犹是活泼泼之幼儿。其衣冠虽古，而其思想则足为时代之先驱。彼之取得世界上之地位，乃挟印度千年前之文化而取得之，乃以革命及反抗之精神取得云云。兹略记泰氏之言辞如左：

余（泰氏自称）年虽长，余之须发虽白，然余非腐朽时代精神之代表。余之革命的精神，犹昼夜不息之流水。余不为不知老之将至，抑且自视为一活泼之幼童焉。余以一八六一年，生于印度之阪格耳（即孟加拉，下同），盖一非常之时期。斯时宗教界、文学界等，皆呈新旧互相冲突之势，思想界极为混乱，于是遂同时产生三种之革命运动。一曰宗教运动，二曰文学运动，三曰国民运动。关于宗教运动者，以当时宗教界所受种种压迫及束缚，已到必须爆裂之时机，有类乎江河之淤塞，不能不加以疏通，于是阪格耳人乃起而疏导之，务使死水化为活水，解除一切束缚而到达于新时代，其为此运动之中心者，则为吾父等。至于文学之改革运动，则以吾为其中心。吾自能握管为文，对于文学，即抱革命的思想。我以为文学不宜受任何规则之束缚。一受束缚，即失去文学中之真我，而文学中之诗，则尤须有真我，其价值乃能存在。故余之于诗，遂毅然决定，不问形式、不守格律，另创一在表现真我上最为适宜之文体，以表演之。世人虽多反对余之剧烈改革，然余因发现一前导之灯，知向此而行，必无迷途之患。且以文学为表演吾人之思想者，吾人于既已进化之后，自不能适用在吾人未进化之前，用以表演吾人思想之文学。故彼等纵以吾之所为为儿戏之一种，吾则仍然从事创造吾所认为适宜之文学，以开发吾人之灵泉，决不生灰阻之心。厥后卒因吾之不折不挠，而幸告成功，不唯阪格耳之文学风气，为之一变，且予世界文学界以极大之影响矣。又次为国民运动，此运动为抵抗英国之压迫而起。当是时，印度所受英人之政治的压迫，及经济的压迫，有无以复加之势。无论何人，均呈惶惶不可终日之状，于是皆思求所以免除此种压迫之痛苦者，而反抗英国政治的革命，亦随之而产生矣。吾生时即值此重要时机，故吾所造就者亦特伟，吾今已发现一光明之路，殊愿引今日与会诸君，同向此光明之路而猛进。吾以为一人可析而为三，一曰肉，二曰心，三曰灵魂。肉为最无关重要者，心次之，灵魂则为吾人生命之源。生命之在地球，恰如流水之奔江河。过去之水，非即今日之水，又非明日之水，固源源而不息，故亘万古而常新。生命亦然，乃进化的，非呆滞的，故吾人必须有革命，必须日日新，又日新，然后此生命乃成为活泼泼之生命。唯吾之所谓新，非新其羽毛之谓，乃探吾灵魂，抉出可以永久存在之生命，使之趋于神明之路之谓。盖徒新其羽毛，则为肤浅之新、暂时之新，仅能成一现之昙花，与吾人灵魂之永久存在问题初不相关也。于此有为吾人所必须注意者，则为舍旧维新之方向是也。吾尝至欧洲，欧洲人之衣短，吾人之衣则长，欧人不知衣之长短与人生之永久与暂时也，遂讥不与彼相类之长衣为野蛮人之服饰。虽然，此大误也，吾人所必须者，乃灵魂之修养，非肉体上之供给。且吾人须知彼欧人之所谓文明野蛮，乃以机械之精良与否为标准者。试问日下之机械专制时代，果适合于吾人之要求乎，吾敢断言之曰，是不然。文明之发展，决非到此即为止境者，吾且窥见一较深较广之世界，已显于吾人之眼历中。此世界即所谓神明的境界。其光明较今兹机械专制之世界，且不能以度量计之。唯欲到此境界，则尚须有所努力，其努力为何，即培养牺牲的道德是已。再质言之，第一期之世界为体力征服，第二期为体力智力二者之征服，第三期则为道德征服。今欧人文化尚未达到第三期，故在机械专制之下，不唯不知反省，抑且自引为满足耳。

  泰氏讲至此，述及（泰）氏之家庭，略谓：吾之家庭，实一极健全之家庭。吾家人虽有研究宗教、文学、美术、音乐之殊，然皆为革命的、反抗的，故吾家之人，所成就亦甚巨。今窃愿中国青年亦人人具此革命的、反抗的精神，以求万古常新之新生命云云。

（录自《晨报》，1924年5月10日。）

在真光影戏院为北京青年
第二次公开讲演

昨日，印度诗哲泰戈尔仍在真光影戏场对北京青年为第二次公开讲演，开讲时间为自上午十一点零七分至十二点。讲演稿极长，泰氏响亮之声音，流利之英语，滔滔而谈。较之往日不用讲演稿而缓缓讲述者，微有不同。当讲演时，态度激昂，似愤慨西方物质文明已达极点者。在泰氏未讲演前，胡适对于怀疑泰氏者，有所警告，略谓：

外间对泰戈尔有持反对态度者，余于此不能无言。余以为对于泰戈尔之赞成或反对，均不成问题。唯无论赞成或反对，均须先了解泰戈尔，乃能发生重大之意义。若并未了解泰戈尔而遽加反对，则大不可。吾昔亦为反对欢迎泰戈尔来华之一人，然自泰戈尔来华之后，则又绝对敬仰之。盖吾以为，中国乃一君子之国，吾人应为有礼之人。今泰戈尔乃自动地来中国，并非经吾人之邀请而来，吾人自应迎之以礼，方不失为君子国之国民。同时泰氏为印度最伟大之人物。自十二岁起，即以阪格耳之方言为诗，求文学革命之成功。五十年而不改其志，今阪格耳之方言，已因泰氏之努力而成为世界的文学，其革命的精神，实有足为吾青年取法者。故吾人对于其他方面纵不满于泰戈尔，而于文学革命之一端，亦当取法于泰戈尔云云。

次徐志摩则述其不翻译之理由，略谓：

吾人于泰氏之讲演，如吃甘蔗，吾之翻译及报纸之记载，将皆成为蔗粕，蔗粕无浓味，固不必画蛇添足，举蔗粕以饷人。

    吾人于泰氏之讲演，如吃甘蔗，吾之翻译及报纸之记载，将皆成为蔗粕，蔗粕无浓味，固不必画蛇添足，举蔗粕以饷人云云。

    在泰氏讲演将终之际，场中发现"送泰戈尔"之传单，泰氏讲演既终，徐志摩复声明云："明天星期日停止讲演，星期一则仍在此讲演，但时间提前一小时，改为上午十时。"泰氏之演辞题为 The Rule of The Giant and The Giant Killer（意译当为《管理大人之方法及大人之危害》）大意谓：西方文明重量而轻质，其文明之基础薄弱已极，结果遂至驱人类入于歧途，致演成机械专制之惨剧。吾尝与美国汽车大王福德为五分钟之谈话，谈及英国文明之缺点，福德亦谓代表西方文明之英国，其文明实为缺乏精神生活之文明。此种缺乏精神生活之文明，羽毛虽美，而内容则极腐败，徒足为人类之害。此观于近代西方诸强国之有权者，即可知之。西方之有权者，无一不受此缺乏精神生活之文明之影响。故彼等咸抱一种野心，日唯以如何制造大机器又如何用此机器以从事侵略为事。彼等对于率机器以食人之残酷行为，初不自知其非，且庞然自大，自以为自己乃一大人焉。虽然此种文明吾东方人士万不可崇拜之，如崇拜之，则必受其害。吾人今须知人类之精神，须如机械之轮之自强不息。吾人分所应为者乃对于一切压迫之战斗抵抗，以求到达于自由之路。故吾人今对于大人（即西方文明）须以较机械更良之武器征服之。换言之，即吾人今须以精神战胜物质是也云云。

泰氏演辞之前后两段，皆诗歌，极端赞美平和的、自然的生活，宣读音韵之美，几令人疑为仙境中之音乐。唯泰氏原定在真光讲演，现恐未必能圆满，盖因泰氏日来甚灰心也。

又闻昨日下午，有日本人某等往见泰氏，邀泰氏往游日本，言下竟明说："中国既无人了解君，君何必久留此地？"又苏俄亦有请泰氏游消息，闻泰氏将于今日往访其驻京代表云。

（录自《晨报》，1924年5月11日第6版。）

在真光影戏院开最后之一次讲演会

印度诗哲泰戈尔,昨日(十二日)上午十时在真光剧场开最后之一次讲演会,到会听众之男女各界有两千余人之数。会场拥挤异常。在泰氏讲演前,徐志摩君发言,略谓:

泰戈尔三两天之内,即将离去中国。泰氏此去,或即为泰氏永远不回之纪念。泰年已六十,身体不大健康,前此来华之时,泰之亲友,多不愿其长途劳顿。泰氏则谓际此春气和融,宜到兄弟古国之中华一行,遂将一手惨淡经营之学校事务,暂行托人料理,走数千里之海程,至我中国。而杭州,而上海,而南京,所到必有公开之讲演。他之精神,因之甚为疲倦。今日医生诊断,请他善为保重,但他尚不以身体的困顿为悲悼。他因我国有一部分人对彼有所误解,于是他之精神大为懊丧。日前他问我,中国一部分人为什么要反对他。我答以"不了解"三字。其实泰氏之主张完全一革命之主张,倾向于社会统一,他最反对的是资本主义、物质文明,他来中国之盼望,即欲清除人间一切之障碍,今竟有人反对他,实为不幸之事。彼反对者之传单,与泰之本人,又有何关?今日为泰戈尔最后一次之讲演,下午即去西山憩息。我个人对于泰氏牺牲之精神、坚忍之志气、伟大之声音、高尚之人格,深为佩服。泰氏有如喜马拉雅山,只有高空中之青天,知道他之诚实伟大。现在的世界,充满了残酷忌刻,吾人解脱的方法,只有向泰戈尔的精神方面去求。

泰戈尔先生的人格是应该受我们的敬意的。他的文学革命的精神、他的农村教育的牺牲、他的农村合作的运动,都应该使我们表示敬意。

徐志摩君演说毕，胡适之介绍泰戈尔时，略说：

前天会场中发现"送泰戈尔"的传单，我觉了很感觉不快。第一，传单中说，研究系因为去年玄学与科学的论战失败了，所以请这位老祖师来替他们争气，这话是没有事实的根据的。去年玄学、科学的论战起于四月中旬，而泰戈尔的代表恩厚之君到北京也在四月中旬，那时北京大学因为种种困难不能担任招待泰戈尔的事，所以恩厚之君才同讲学社接洽。我于四月二十一日南下，那时泰氏来华的事，已接洽略有头绪了。我也是去年参加玄学、科学论战的一个人，我可以说，泰戈尔来华的决心定于这个论战未发生之前。他的代表来接洽，也在这个论战刚开始的时候，我以参战人的资格，不能不替我的玄学朋友们说一句公道话。第二，传单中说"激颜厉色要送他走"，这种不容忍的态度是野蛮的国家对付言论思想的态度，我们一面要争自由，一面却不许别人有言论的自由，这是什么道理？假使我因为不赞成你的主张，也就激颜厉色要送你走，你是不是要说我野蛮？主张尽管不同，辩论尽管激烈，但若因为主张不同而就生出不容忍的态度或竟取不容忍的手段，那就是自己打自己的嘴巴，自己取消鼓吹自由的资格。自由的真基础是对于对方的主张的容忍与敬意。

况且泰戈尔先生的人格是应该受我们的敬意的。他的文学革命的精神、他的农村教育的牺牲、他的农村合作的运动，都应该使我们表示敬意。即不论这些，即单就他个人的人格而论，他的慈祥的容貌、人道主义的精神，也就应该命令我们的十分敬意了。

泰戈尔用英语演说约一小时之久，由胡适之君译其大意如下：

今日为东西文化发达及互相借重之时，我们至少要有评判之眼光。百余年前，即有西洋文化、物质文明侵入东方，延至近今，实有评断之必要。泰氏曾声明,彼非反对物质文明及科学文明,不过泰氏以为,科学是附丽于人生的,非人生为科学的。人的生活要与物质文明同时发达,不能任物质文明超过人生。欧战之结果,号称高尚无匹之西洋文明,亦露无数之缺点。我们利用此种绝好机会,可以评断东方精神文明与西方之物质文明,何者可去,何者可存。再就此以溯及东西方文化接触之历史,很觉其中残酷之弱点。文化是求真理,乃西洋文化来侵入东方,完全带有特种的意味。当英国文化传入印度,即用以达其变相的侵略之目的,吾人如此,亟宜一评判其是否云云。

闻泰氏于昨日讲演之后,即驱车赴汤山休养,十七日回京。天津南开各校之招待均已谢绝。大约二十日,首途赴武昌云。

记者按:泰戈尔来华,居然有三五个人,因为不甚了解其精神之故,乱印传单,到处散布。泰氏学说全部,吾人虽不能无条件地赞成,而泰氏之精神,则无论何人,凡知其经历者,皆应敬重。纵然有反对,亦不应以不庄重之词句下逐客令。若吾侪所闻非虚,则此种行动实出自主张言论自由、思想自由之人,尤足令人不解。中国人为数千年遗传心理所支配,往往言行矛盾而不自觉,此真一大缺陷。假使他人言论可以不合理的举动妨害之,则政府以禁邮、禁印种种方法,防止传播新思潮,将以何理由对抗之?若以讲学问题而涉及政治问题,则尤谬矣。

又本报前日所登泰戈尔演题译名,系用中美通讯社原稿,致生错误,应改译为"巨人之统治及扑灭巨人",巨人即指今日欧洲之资本主义物质文明也。

(录自《晨报》,1924年5月13日第6版。)

因身体不适，赴西山养疴

战争利用科学之不当

印度诗人太戈尔博士因来京后，公私团体请其讲演者日有所闻。甚至一日讲演两三次者，山阴道上大有应接不暇之势。因之太氏身体颇觉疲惫。太氏原拟在真光电影院连演七日。现因身体不适，昨日真光之演说即为末次之讲演。昨晨演说毕，遂赴西山养疴。其体果觉稍愈。当于星期日早返京。唯返京后，无论公私团体请其讲演，一概辞绝。并拟星期一二启程返国。太氏于离加尔喀达（印度京城）来华时，医生谓此行与其身体颇有妨碍。故太氏极欲返国，以资休养。昨晨即为末次之演说，听众较诸平日尤形踊跃。十时开讲，九时真光电影院座为之满。太氏讲演之题为《判断力》，大意谓欧战影响及于全球，其发生之原因，非由外边而来，但由内部而生。此节实为判断亚洲之时机。唯直至今日此种判断力极为薄弱，致欧西设法输入事项于东亚，而东亚人民不加判断，亦竟尽力采取而不疑。如中国本可制造最华美之物件，但工人反效仿西洋技术，制造西洋之家具。对于本国之文物反不力求进步。此节于中国实为一种大不利。又东方人民对于道德漠然视之亦为一种遗憾。科学即是真理，无真理则天下无能为之事矣，唯有误用科学者亦为缺点。如利用科学为毁人之利器，其结果必使人日趋蛮野。欧西人民性好牺牲，职斯之故，不唯欧西大受损矣，即全球亦受莫大之影响。现在亚东实有一种机宜，阐扬人道之价值，以感化不文明之行动云云。

如利用科学为毁人之利器,其结果必使人日趋蛮野。欧西人民性好牺牲,职斯之故,不唯欧西大受损矣,即全球亦受莫大之影响。现在亚东实有一种机宜,阐扬人道之价值,以感化不文明之行动。

(录自长沙《大公报》,1924年5月18日。)

"素思玛"致泰戈尔

敬爱的老戈爹：

　　林先生（指林长民）和你的阿俊那（指在《齐德拉》剧中演王子阿俊那的张歆海）正在出来赎您，要把你从温泉（泰戈尔当时休息的北京西山温泉）的热烈拥抱中带回来。你要原谅我拉替身，因为我明晨要去看大夫。今天我已好得多了。我们一起去散过步，也欣赏了苍茫的暮色，我想我身体会康复过来的，到时跟你出门应该没有问题。

　　孙博士（指孙中山）似乎尚有一口气，或者我们还可以希冀跟他作点个人的谈话。

　　我想有一条名为莎狄里的法国轮船在十五日往神户。有几封厚之的信，但看样子并不是什么大不了的要件。山西那边的人正为你筹备一个盛大的欢迎会。

　　我们会在国立大学那边候你参加四时半的茶会。我们的朋友，全都作了精彩万分的演讲。鲍斯更是把这里每一个人的心都夺去了。

　　谨致爱忱

素思玛
周六晚

我们一起去散过步,也欣赏了苍茫的暮色,我想我身体会康复过来的,到时跟你出门应该没有问题。

(注:徐志摩此信约写于1924年5月13日或14日。"素思玛"是泰戈尔为徐志摩取的孟加拉语名字,意为"很帅"。)

乘坐京汉车出北京往汉口

印度诗哲泰戈尔昨（二十）晚十一时，由西车站乘坐京汉车出京，同行者除其秘书恩厚之及鲍斯、诺格、沈三印度学者外，尚有徐志摩君，计共六人。赴站欢送者有梁启超、林长民、蒋方震、张彭春、黄子美等，近两百人，中以教育界居多数。女界则有林徽因、王孟瑜等五六人。泰氏一行所乘列车，系讲学社向路局特包一辆。欢送者赠花极多，几贮满三开间。当汽笛鸣时，泰氏等伸首窗外，举手与送者致意。送者则逐车徐行，致简单之欢送词，泰氏悦甚。闻该辆特包之头等车，至石家庄即停，泰氏一行改乘别车赴太原。去太原时仍至石家庄，乘此原车往汉口云。

（录自《晨报》，1924年5月21日。）

泰戈尔《凝视远方的云》

泰戈尔《黄昏来了》

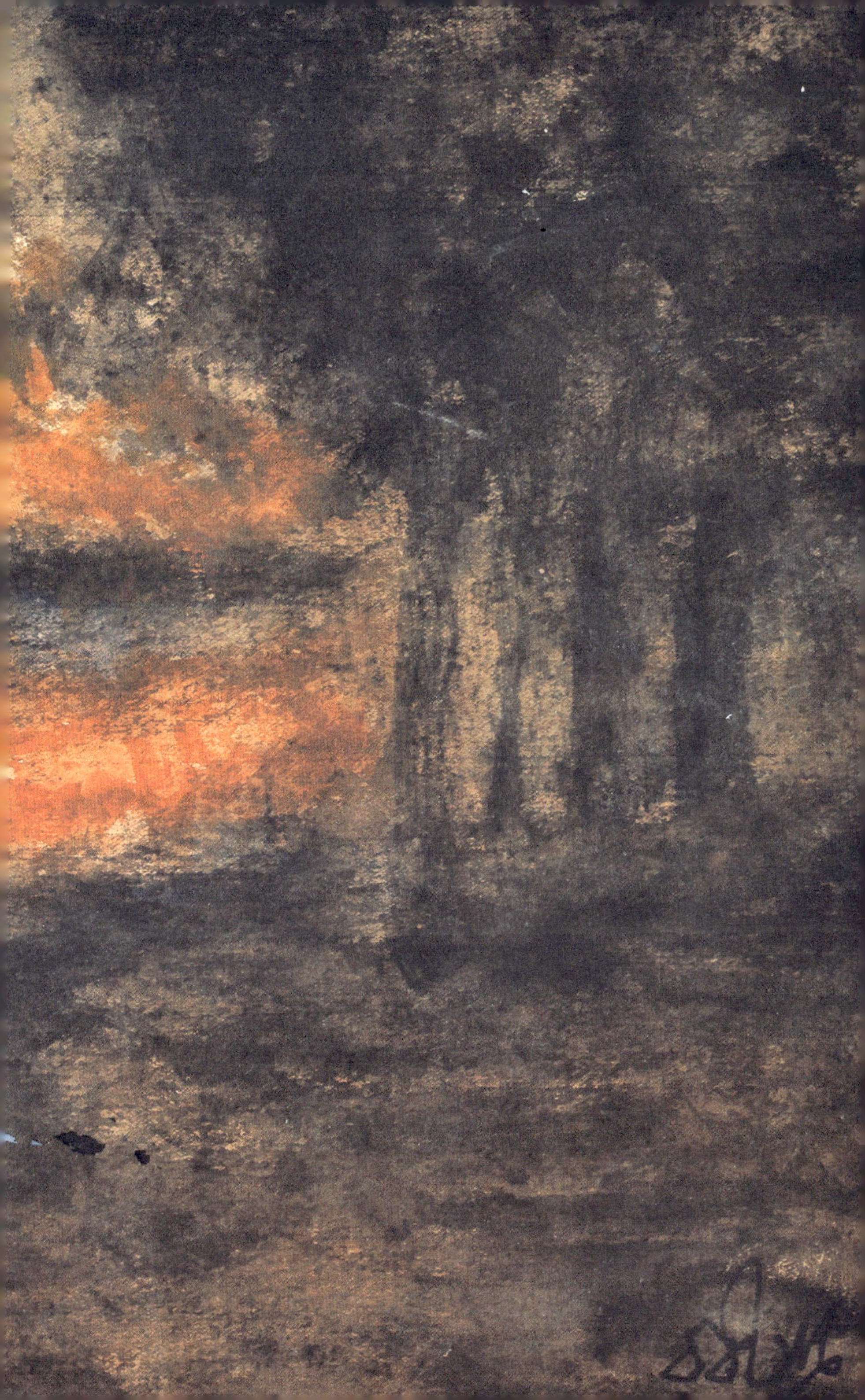

泰戈尔《摆动的意志》

"竺震旦"安抵太原

　　印度诗哲泰戈尔一行,前晚乘车赴太原,以志昨报。本社昨晚接到徐志摩君由太原发来一电。文曰:"晨报,竺震旦安抵太原,星期五(二十三日)赴汉,摩。"计三日后泰氏等当在汉口矣。

(录自《晨报》,1924年5月22日,第6版。)

泰戈尔先生之来晋系专诚而来

恩厚之在山西太原自省堂的讲演

鄙人此次系第二次来晋，而泰戈尔先生之来晋，则系专诚而来。因先生将赴日本，由北京赴日本，本拟取道朝鲜为便，今迁道南行者，为来山西故也。因数年前即闻山西之名誉，想望久矣。今幸得到此，先生非常欣慰，鄙人得侍先生重游旧地，尤为欢喜。鄙人数年以来，追随先生在印度实行与农民合作主义，极有效验，益足证明先生理想价值之巨。甚愿地理人情与印度相去不远之山西地方同志诸君，一致地共向光明大路上走。将来同志渐多，人类一致的觉悟，自足以挝倒现世界之伪文明（徒崇尚物质之文明），而实现人类基础之真文明（精神文明）。愿共勉之。

（录自陈建军、徐志东编《远山》。《各地政教现况撷要·泰戈尔先生游晋纪盛》，山西《来复报》1924年5月25日第298号。据载,1924年5月22日下午，泰戈尔私人秘书恩厚之 L.K.Elmhirst 在山西太原文瀛湖公园自省堂"讲演约半小时，仍由徐君逐段翻译"。）

七城记

这是诗人泰戈尔创作的一幅风景素描。宽阔的江面水流平缓,只有微风不时掠过水面,吹皱江水,泛起涟漪。突然一艘机船开过来,打破了江面的平静。在机船的轰鸣声中岸边的几棵榕树依旧悄然不动。整幅画用墨不多,但是意境深远,也给观者留下遐想的空间。

中印的文化关系发生较早

记者识：太戈尔氏以五月二十一日莅晋，二十二日在文瀛湖畔自省堂讲演。听者万人空巷，自省堂竟无隙地。太戈尔氏来时，几无路可走，乃由旁门而入，直上讲台。首由冯教育会长略为报告，即由太戈尔氏讲演，时约三十分钟。讲毕，由徐志摩君翻译。因人数太多，翻译声浪较小，词句多带土音，大半不能明白，所以翌日太原各报，皆未见登出讲演稿之全豹。记者位次于讲台相近，对于讲演大意，自信尚不误会，因特补志于此。但距离听讲之日已久，又未必不无舛错，阅者谅之。

我（太戈尔自称，下仿此）这次由印度来到中国，又绕道来到山西，得与诸位在此谈话，我的心中实在欢喜不了。中国与印度，在世界上都是东方的古国。而中印的文化关系，亦发生较早。所以我到中国来，好像走到了第二故乡。可是东方的中印两古国，到现在都成了被西方物质文明压迫的国家。不仅中印两国，以外许多的弱小国家，都被少数国或少数人压迫着。世界本是无尽的宝藏，世界所有的物产，尽可以供全世界人之享用而有余，近被少数人利用种种力量（水力、电力、汽力），总而言之，科学的力，尽量地采掘开发，攫为己有、把持独占，作为资本；又利用之以奴使群众，或压迫别的弱小国家。因此使全世界多数人的生活，都沦到水平线以下，他们却大享特享其非分的过分的福。现在说一譬喻，世界上起了蝗虫，农人们辛苦力作的禾稻，

七城记

满山满地、青枝绿叶、蓬蓬淳淳的禾稻,都被蝗虫咬掉了叶、折断了枝、噬去了心,那么世界上的强者优者,即所谓世界上的少数人,他似居于征服者的地位、侵略者的地位。世界上的物质享用,几都归他们独占。他们自必可以锦衣玉食修其身,享尽天下无穷之福。但以我推测,如此贪得无厌,以少数人奴使群众的局面,长久下去,于他们未必有利。试看自欧战后,军国主义、资本主义之将崩坏,物质文明之渐归破产,便可知道。在这里又可说一譬喻。比如一个母羊,生下若干小羊,本来这个母羊的乳,是足够那若干小羊吃的。可是其中有一小羊,特别恃强,往往把持母羊的乳,不给别的若干小羊吃,自己一味地想多吃。

这是诗人太戈尔创作的一幅风景画,画面上有大河、船舶、树木、房舍。构图匀称和谐,天空阴云密布,预示着大雨的来临。

那若干小羊，因营养不足，至终归于饿瘦，或饿死。但那恃强的羊，因吃得太多，或者也要胀死，或饱死。这种局面，如何能永久支持呢？所以我以为人类世界，本来是极美丽的、极和谐的。因世界上少数人的私欲抗进、侵略残杀、竞争嫉妒，把极美丽的世界弄得极丑恶了、极和谐的世界弄得极紧张了。世界又本来是充满了生命、活气洋溢的，又因少数人用政治经济的努力奴使群众，压迫弱小民族，把极有活气的世界，弄得死气沉沉，大多数人皆失其有望之乐了。由此看来，我们多数人，凡是被征服的、被压迫的、被失去生命的，都应该联合起来，把本来美丽的世界，还他一个美丽；本来和谐的世界，还他一个和谐；本来充满了生命的世界，拿回我们的生命；并且还须把无尽宝藏的世界，很节俭地使用。俾我们的生命，永久在这无尽宝藏的世界里，美丽和谐地生跃着。我自信我是带有这种使命来到世界，我希望大家赞助我这种使命之成功。

（原载山西《来复报》，1924年7月13日第305号。）

将由北京到湖北

京讯,印度诗哲泰戈尔及其秘书恩厚之,并鲍斯、诺格、沈三印度学者,原定二十日早出京。昨闻又改于晚十一时,由西车站出发,唯此次不致再有变更。有许多团体均拟推举代表,尚有景仰泰氏者,亦拟准时到站欢送云。又闻泰氏一行系往太原,由太原、鄂而上海而日本云。

又鄂讯,武汉学界欢迎泰戈尔来鄂讲演,闻泰氏已应允,将于日内启程前来。湖北佛教徒最盛,以泰氏来自印度,将为极热烈之欢迎云。

(录自长沙《大公报》,1924年5月25日。)

一行今日到汉口

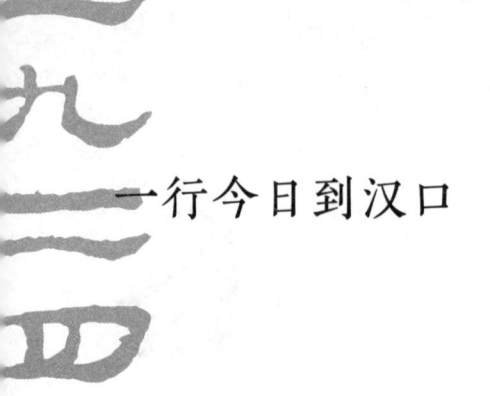

【本报 24 日汉口快电】泰戈尔一行,昨有电到鄂,谓漾(二十三日)晚由石家庄动身,准有(二十五日)晨到鄂。

(录自《晨报》,1924 年 5 月 25 日。)

乘轮东下

二十五日晚已乘轮东下。

【本报二十五日汉口专电】泰戈尔一行有（二十五）晨到，午前在汉辅德学校，午后在省体育场公开讲演。

【又电】泰戈尔、恩厚之、鲍斯、诺格、沈及徐志摩六人，有（二十五日）晨到，定于今晚离此间，顺江东下。

（录自《晨报》，1924年5月26日。）

希望造出一种新时代

宾主各有演说　沪讯，印度诗哲太戈尔氏，二十八日晨十时乘吉和轮由汉抵沪。暂住极司菲尔路意诗人倍纳夫人家内。二十九日午，太氏赴徐家汇日本同文书院之宴会。三点四十五分，至九江路印度佛教会。四点半，至汉口路印度波斯教会。五点十五分，至百老汇路印度摩司林会。六时，始乘车至慕尔鸣路三十七号张君劢住宅，列席张君个人之欢送会。其他来宾到者有沈信卿、殷芝龄、瞿菊农、徐志摩，印人喜司爱，朝鲜人赵素卯，及国立自治学院学生等，共一百五十余人。讲演在草场举行，来宾环坐而听，由张君劢主席。太氏演讲后，略进茶点。时已七时，继张君即在宅内请太氏晚餐，用中国菜。十时，至汇山码头，乘上海丸赴日本神户。定三十日晨八时半启椗。徐志摩仍伴往，先晚已有电致神户鲍振青。俾该处中英日之欢迎委员会到埠照料。闻太氏此次游历中国，对于晋省，颇为赞美。北京有人发传单反对太氏，太氏亦不介意。兹将张君劢之欢送辞及太氏之演说辞录下。

张君劢之欢送辞　鄙人自太戈尔先生上次由印抵沪后，即患病。致未曾听过其演说。余之病系天花，人皆谓为传染所致。余以为此由太氏带来，盖太氏常言，人当做小孩，故今余患天花。或太氏欲余再做一次小孩欤。又余对于太氏颇为抱歉。有人谓太氏赞助玄学，特到中国帮忙鄙人。实则余在其未来华之前从未读过太氏之文章。今读其在京沪之演讲，乃知其有满腔爱与美之心。然则可知太氏与余无甚关系，

余初到华时，即承诸君在此处欢迎。今日为在华之末日，又承诸君欢送，深觉不敢当。然使余深为愉快。因此足见诸君爱余甚殷，且两次均在此处集会，尤感张君之盛意。

决不来帮助余。且太氏有高深之学问，更不屑赞助余之玄学。自来人之主张固各有不同，有赞成物质文明者，亦有赞成精神文明者，然均难免受人批评。今太氏系批评赞成物质文明者，又太氏注重美与爱，而人患之若大炮。不亦奇乎。今太氏将去，希望亚洲文明独立。造出一种新时代，并望太氏将中国缺点见告云。

  太氏之演词　今日来会，使余回想一月前到此之景象，深觉诸君望余太奢。实则余之学识有限，自不知所讲者为何物。况各国之有名哲学家、政治家、社会家，均到过中国演讲，贡献甚多。余乃区区之诗人，如何能应诸君之要求。此乃上次在此处早已述过。余初到华时，即承诸君在此处欢迎。今日为在华之末日，又承诸君欢送，深觉不敢当。然使余深为愉快。因此足见诸君爱余甚殷，且两次均在此处集会，尤感张君之盛意。又第一次余在此处，曾谓余初来华，不知中国国情。其实余早已闻中国故事甚多。昔在日本，赴一宴会，主人手出收集之中国故事。余乃得观中国广大之图画，旋由赞美心而发勃怒心。以为天何使中国独有此智慧，而达美满之域。今次来华，始能目睹。惜尚未窥全豹耳。又余之喜中国人者，因皆以人类待余，并非如他国人民待余若圣若神反使余拘束不安。今中国之年轻人，对余不甚敬畏与余谈笑自若。此则余甚喜之，盖对余能表示一种真正之爱心。至人讲余批评中国，余实不能应允。盖余非批评家，且彼此同是人类，同是平等，有何批评之有？余既不愿批评人，故亦不喜人之批评余，今有人反对余，或系恐惧余反对一般金钱主义之人。实则余能力薄弱，从未能改变人心，余将爱美之意，寓于诗中。读余诗者，非天性有爱美者，恐未能因读余诗而生爱美。故余自以为能力薄弱也。总之，此次余之来华，受诸君之优待太过，深觉诸君太客气、太浪费。余深爱诸君、深感诸君。余将行矣，望互爱到底云云。

（录自长沙《大公报》，1924年6月5日）

黎明觉醒

泰戈尔的中国讲演

让新时期黎明的曙光照耀亚洲吧，黎明时分，理想主义的大江大河，流出往昔，以其影响肥沃了生命的原野。

我相信你们有一个伟大的将来

4月13日上海慕尔鸣路三十七号园会

今天是我的欢喜的日子,我多多地感谢你们把我从遥远的印度请到你们的国家,这真是我的难得福气。我有几句供认的话对你们讲。最初我接到你们邀我的信,我心里很踌躇。我从书本上看到关于你们的宗教与习惯的种种不同的说法,我认不清哪一家的话是对的,我心里想:"他们要我去究竟存什么盼望,我去时又有什么好消息带给他们?"

年前我心里只是迟疑不决的,屡次展缓我的行期,一半固然为我的身体不健,但是老实说,一半也为是决断不下。正在那个时候春天到了,我们的春天比你们的来得早。我本来打算坐定一时着手我的讲演,因为用英文讲我是要预备的。但是春光来了,诗人也有了他的感召。一天一天地,乐调来到我的心里,自然地形成了新鲜的诗歌,我不由得忘却了我自以为应尽的责任。

但是我那时还是满怀的不自在。像这样的白费光阴,什么事也没有做成,只做什么无聊的诗歌,我如何能对得起中国盼望我的朋友。但是你们当然也明知道诗人是决不会履行什么职务的。诗人的职务如其有,也无非是开张着他的乐器,擒拿住太空中生命的秘密的颤动,调谐他的先觉的妙乐。是的,诗人的用途只在生命苏醒的俄顷,他来朗声地布告,虽则人们还不会觉察,河里的坚冰已经渐次地苏解,严敛的肃杀的冷酷的寒冬已经无形地消隐。他的无情的冰链曾经封锁住整个的世界,恫吓爱和暖的人群,蛰居在紧闭的户内。紧闭的门户快开放了,现在春天已经来到。

我拜托你们一定体谅我的怠惰,体谅我的放弃责任。那时我心里忽然会悟,也许你们的邀请与春风的感召只是同一的消息,你们自己当年潇洒的诗人还不是一样地在春风里举杯自醉,他们也何尝记得他们的职务?我也只得荒废我的职务,我愿意放弃你们的尊敬,取得你们的钟爱与姑息。在其余的国内,我就不敢想望这样的宽容,因为他们从不放松他们严厉的督饬,他们是丝毫不容假借的,所以我为顾全自己起见,也只得兢兢地尽我的责,忘怀我的诗神。

我方才说过,诗人们的使命是在钩探空中无声的音响,启示梦境似的微妙的色彩,鼓舞理想的信仰与努力,像春风似的,带来消息,私语怀疑的人间,不久便有绚烂的花朝。

现代的世界上多的是缺乏信仰的人们,他们不知道信仰是创造的势力,不知道对于一个伟大的未来的信仰自身就会创造个未来。没有信仰,你就不认识机会,你就容易错过机会。有信仰的人们曾经产生过他们伟大的文明。顾虑与怀疑只是滋生无益的争讧,真文化的建设者只是有信仰的人们,他们有的是不存猜疑的童真,他们是梦人。

这创造的天才,你们可以在你们的历史里看出,凭着信仰的真诚永远向前进取,不问阻碍与限度。现代所谓怀疑派的批评恰只能摧残,不能生产任何的果实。所以朋友们,来吧,认定我们的标准,再不必游移我们的信仰,我们所处的是一个紧要的时期,这是所有的民族结合的时期。现代的流血与苦痛是不能容许的,我们人类的灵魂在烦恼中想望和平,厌倦了竞争与扰攘的生活。我们都盼望这件大事的实现,现在有的是可喜的机兆。你们这次邀我来到中国,便是一个凭证。在这几百年间来打扰你们平安的门庭的无非是商人与兵士与种种不讨欢喜的宾客,但你们从不曾想着到外邦去邀请诗人。今天我竟然到了你们的中间,这不是一件大事吗?——不是对我个人人格的礼貌,这是遭逢这新纪元的春光的敬意。所以你们更不必问我带来什么消息。从前的人们曾经用白鸽递传音信,在这争战的世纪的人们,也一般地宝贵他们的羽翼,但他们恰不再珍异他们云外的翱翔,他们只是利用他们来增加血流的分量。所以你们千万不可利用诗人们来传布消息。

我的希冀只在共同你们新来生命的动荡,共同你们的想望与欢欣,我求你们容许我的参加。我不是一个哲学家,你们只须当我是诗人看待。在你们的心里替我预备着一个地位,不要在公开的讲坛上安置高座。我只求得你们的心,我要你们的情爱,不要辜负这难得的时机。我相信你们的前途有一个伟大的将来,也就是亚洲的将来,我盼望那一天你们的民族兴起,表现你们内在的精神,那是我们有荣华的一桩盛业。

我并没有夸张过分的种族感情,我同时也不蔑视传统的价值。我记得千年前那一天印度献给你们他的情爱,契结了不朽的友谊。这层亲族的关系,我盼望还是在着,在东方民族的心灵里深深地隐着,在这千年内我们往来的道上也许长满了蔓草,但我们却不难发现往来的踪迹。我们共同的事业就在祛除我们胸膈间雍积着的杂欲,再来沟通这名贵的情感的交流,我想起我们的祖先怎样地排除万难做成的伟业,我不由得不期望现在在你们的中间也有伟大的梦想者奋起,凭着友爱的使命,征服了一切的乖戾,填平所有崎岖。亚洲有的是伟大的梦想者,他们曾经用他们情爱的甜露,遍洒在苦辛的人间。现在时期又到了,我们正在期望着这样的梦想露面,重新这大洲的使命再发祥一度的光华,贯散天空里累累的恶云,光照着生命的途径,才值得我们欢欣与自负。

黎明觉醒

我相信你们的前途有一个伟大的将来,也就是亚洲的将来,我盼望那一天你们的民族兴起,表现你们内在的精神,那是我们有荣华的一桩盛业。

(徐志摩译写于1924年5月,同年7月1日刊载于上海《时事新报》副刊《学灯》及8月10日《小说月报》第15卷第8号。)

人类可以从友爱上寻光明的路

在杭州各界欢迎会上的讲演

我今天只知道有茶会,并没想到要讲演,所以随便地讲演,我觉着非常的不快乐。因为我说的话,不是中国话,懂的人很少;我也不能说自己的话,因为没有介绍的人;除用英语外,简直没有法子。我到西湖上来,所看见的山和水,水的音调、山的容貌,都和印度一样。在表面上看来,自然界的景物,到处是一样的,譬如鸟鸣风吹,也是到处一样。我就此引起我一种感想,因为人类语言不同,才生出世界上种种的误会,使我们彼此不能了解、诚心相接,所以要举我心中的爱,给不同种的民族,很不容易。但是人类要用爱来调和,这种调和的成功,必定要有传道的人。我在灵隐飞来峰上,看见两个雕像,就是唐朝时,印度有两个大师,把我国的教宣传到中国。我想这两个大师,初来的时候,见到这样湖山,也感想到自然界到处都是一样。但是他的本意,不是来玩赏湖山,是传导相互的爱,因此印度文化有许多到中国了。如同中国几个大师,到印度去,也有同样用意。这点真诚,是永远不磨灭的。灵隐飞来峰,极似印度灵鹫山那石壁上的雕像,亦可算一种爱的表示。这些大师,是代表相互的爱显现出来的,为人类友爱的模范,如是使我们人类可以从友爱上寻光明的路。他们来中国,并不像欧美人带了枪炮等而来,是拿了他们文化的精华,来供给中国的,并且从沙漠徒步而来,丝毫没有畏难的样子。现在觉着交通便利,民族很容易接近,这果然是科学的功劳,什么火车啊、轮船啊。但是科学只能使物质方面增加便利，总不能给我们心灵上有许多便利和愉快，反觉着促进人类互相残杀的危机。试想想欧美人到了别国地域内，对于就地民族的真精神，不能了解，因为被私欲迷住的缘故。前面所说两个印度大师到中国来，只要带了赤裸裸的一颗良心。现在我来，也如这两位大师的精神一样，因为中国、印度两民族间，自有一种不可分离的爱。我虽在贵处住两三天，觉有深切的爱存留着。但是现在时候，我们两民族，应该共同努力，把一切污秽的历史和痕迹，都要排除净尽，去找出一条中印交通的运河，这运河的交通，是沟通人类的爱，没有别的利益关系。我自己不相信一个印度人到了西湖，就觉着无限的快乐，登山游湖，心地光明，没有丝毫玷污，好像本身的精神，和山水的灵气已结合一致了。这纯是爱的作用。我们印度，不是完全的国家，没有什么军备可以向他种民族施压迫，只有一颗赤心来接待人，所以中印两民族的结合，纯粹要以友谊为基础，一致努力，把东方的文明来发扬，这也是中印民族的责任。我在本地设大学一所，叫作白哈喇底（Beherat）。这字义里面，含有普及印度文化的意思，很希望中国也到那里研究。今天我是没有工夫讲这大学的内容，可以说是一半自由研究学问的场所。我办这个大学，因为现世可怕，（到处）都是人类自（相残）杀的情形，所以大声疾呼，想要回复人类精神上的乐土。我初时立这宏愿，觉着有种伟大声浪，从黑暗中发出来，激动我们，并引导我们走到光明仁爱的路上去。我到中国来，能够把这点意思得到中国人的了解，并且使中印文化重行沟通，这是我心中很满足的了。

（录自《申报》，1924年4月18、19、20日，原题《印诗人太戈尔在杭讲演记》。）

爱的职务就在扫除一切的障碍

译泰戈尔的讲演稿

在你们一座庙宇的附近石壁上刻着一幅画，是千百年前从印度来的一位佛徒的像。他来的时候看那座山峰，正像他在本乡相识的山峰，我听说你们的传话，这山峰，他见了这里相同的心里就快活，所以你们也就把他叫作"灵鹫峰"。

我这回来也曾饱餐了你们美丽的湖光与周围的山色，我看来也不觉得生分；因为你们的山峰还不是与我们的山峰说一样的话？你们的湖还不是与我们的湖带着一样的笑容？你们的树木与我们印度的树木还不是天生多少相同的面貌？所以我在此地美丽的山水间优游时，我就想着地面上各国的外貌原来是无甚分别，我又转念，我们人类却反没有彼此可以交通的共同语言，我心里不由得怅惘，但这也有他的好处。想要彼此认识，我们就得费相当的工夫，付相当的代价。初起我们都是陌生的，除非我们勇敢地努力，我们便不容易得到彼此的情爱，在这彼此求相识的道上多的是障碍与困难，爱的职务就在扫除一切的障碍，开辟一条平坦通行的大路。在那石壁上刻着的那位大师，他来时不仅发现你们的山水与我们的山水的一致，他也发现他的心地与你们人民的心地间也有天然的一致。有一处石壁刻着的是一个中国人献饭食给他，那是一个极美的象征。我是他的后代，我也是从印度来的，我所以也要从你们的手里求讨真挚人情的饭食。

我知道在你们里面大多数是不认识我的，但是你们都到这里来看我的面貌，听我的声音，仿佛有什么引力似的，我想你们并不盼望我给你们什么消息，但我相信你们来是为千年前印度与中国曾经缔结的因缘。那是一个光明的时期，我们的祖先远送他们的爱心给你们的人民，他们渡过了大海，渡过了沙漠，不为谋利、不为夺地，只带来他们最纯洁的情感、最宝贵的智慧。

这是印度在历史上的伟大的事业，开辟阻碍、建设通路的事业。我们先得感念这造路的人们，他们利便的不是金钱与努力，在他们的道上往来的只是民族间施与的情分。现代有的是实际的交通，人类有的是相互亲近的方便。但正因为太容易，我们彼此真切地相知的机会却反而是真的困难。我们来大都只为游历。我们来只看见生活的表面，再加之我们的文明出产了他的"硬壳"，我们到处都带着跑。随你到哪一国都有你日常习惯的食品，有你的设备舒服的房间，这舒服就好比是一座堡垒，拦着你不得接近当地的人情。我们走进了大旅馆的大门，我们同时走出了我们来到的乡土。我们来总是有所为的，不是这样，便是那样。这一有所为，我们的见地便失却了清澈，我们望出去只见我们惴惴营谋的事业，我们的眼前障上了一层盲医（疑为"翳"）。

从前古人们来时不带着什么什么种族优胜或是宗教优胜的存心，他们带来的只是他们满溢着的情爱；这是他们献给你们的礼物，你们当时也就欣欣地来接受他们的礼物，准他们住在你们的中间，死在你们的乡里。他们这一路来不知经受了多少不可想象的困难与烦恼，他们亦一定感受异样的水土的不便。我们也一样是从印度来的，但我们却实在不觉得什么生活的生分。这是科学的功绩，使我们容易彼此接近，但这同一的科学也使我们容易彼此相残杀、相侵略、不相结识、不求了解，却自以为相识与了解。

所以这远邦变成近邻的事实到如今还只是一件外表的事实，不值得人类的自负。实际上我们彼此接近的时候只有彰明的恶业，并不会发生什么亲密的关系。我们形成的只是群，不是体，只是聚会，不是社会，这是一个莫大的耻辱，现在时候到了，我们应得协力同心地扫除这耻辱，救济受苦的人类。

我的朋友们，这是我的使命。我来是为求你们重新沟通那条情感交流的水道，我盼望我们可以寻出原来的踪迹，虽则已经长满了时间的蔓草。如其我这次来可以使印度更加亲近中国，使中国益发亲近印度，不为政治与商业的关系，却仅仅为纯粹的人情的贯彻，那我便自分是我莫大的幸运。我爱你们湖光与山色的美丽丝毫没有困难，为什么我来亲近、认识你们得有多少的周折？我是一个人，有的是人情，我只愿意结识你们的人格、沾润你们的人情，我并不妄想来改进你们的心智或是道德。我们只要认明是人情的和合，不要糅杂丝毫有所为的动机不论好坏时，是最自然不过的。我们只要能实现这一点，那时现代民族间所有的误解与谬见便可以通体地消除。我求你们帮着我们共同地努力。我们是绝对的没有权力，不论是政治的、军事的，或是商业的。我们印度是一个战败的、屈辱的民族，在实利的世界里我们不知道怎样来帮助，也不知道怎样来伤害你们，但天幸我们可以做你们的客人，做你们的兄弟，做你们的朋友，我们相信这日子已经到了。

你们请了我来，我也要请你们到我们那里去。我不知道你们曾否听说过我在印度设立的学院。他那唯一的目的就在印度欢迎全世界到他的心窝里去。让我们来共同致力，把貌似的阻碍变成交通的途径；让我们联合起来，虽则彼此间有种种的不同。天然的不同正是我们天赋的个性，彼此交换的礼品。我们不必彼此求同，人类生活的丰富正在这种种的不同。我们期望各家的种族都能保存他们自有的人格,我们不稀罕无灵性的刻板与划一;我们要的精神的一贯,那是富有生命的。

(徐志摩译写于 1924 年 8 月 19 日,刊载于 1925 年 3 月 1 日《京报副刊》第 75 号,署名徐志摩。)

真的文明是给人类以生命的

演讲要旨

真的文明与假的文明……前者能给人以生命……后者摧残人之生命……金刚石有灿烂之浮光……而其价值不值一粟……崇拜物质文明……必致饿死于金刚石之沙漠中……我人唯一的正则……即在以物欲处于精神管理之下。

按泰氏来华消息，已迭纪前报。来华未久，旋即赴杭游历。至本月十八日始由杭返沪，沪上讲学社及江苏省教育会等各团体千余人，于是日下午三时，假商务印书馆新讲堂开会欢迎。泰氏莅会后，即行演讲。约一时许方毕。当由徐志摩君翻译。各报记者皆有笔述。下面之文，即系采自时事新报者。

我在小的时候，在我本国的一只（座）庙里，看见一面在风中流动的旗子，人家说这是用中国来的丝做的，我才知道中国的文明，后来在我本国的文学里，又知道中国是一块美丽浪漫的土地。那里的人，生活得非常快乐自然的，于是我想着来访问中国的心，就此深深地种在我的心里了。

我此番来，并不是来做那些传教播道的事情，我特来为你们的文化顶礼，来崇拜于你们的圣庙（这是抽象的比喻），我认知你们是伟大的古民族。你们有数千年的过去的荣光的文明，我相信你们必有一个光明的将来在你们的前面。我何以知道呢？因为在古昔的时候，你们的求道者不惜跋涉了荒漠的长路，来到我们印度，来求所谓人生的真理，如何能解脱人类于苦恼罪恶的福音，不是为了物质的欲望、为了实利的追求。但到你们的古哲求到了我们的真理，又能不为印度的见解所限制，而自成为中国的文明的一部分。

你们是这样一种有伟大的历史的背景、光明的远大的前程的古民族。精神上、心理上和印度的民族一样，知道人生的目的不是在功利，不是在物质的成功，而在创造，而在美的实现，这两种古民族，精神上既在古昔的时候连缀了。而这种连缀，又是非常纯洁、非常高尚，实是为人类设一种交谊的模范，我此来，就是要继续这种交谊，使这两大民族，再互相携手、共同合作，以打破目今弥漫世界的物欲的、疯狂的名利的瘴气。

现在风行世界的就是功利、能率、组织、机器，但是世界的美、人类的生机，是被摧残完了、杀灭完了。这种魔鬼的崇拜，必致把人类趋于灭亡。我到中国来所感到的印象，就是你们的家乡也被这种不健康的空气所包围了。像我本国的恒河两岸一样，在我年幼的时候，那里是青葱可爱的绿林，闪闪于日光下的流水，呈现着自然的、伟大的美。但是现在呢，没有了，没有了，都被可恶的工厂破坏了。你们中国也是一样，所留剩的，就是那过去文明的花，那遗剩的古庙，使人伤心的遗迹，我到杭州去，路上所看到的一点生气所在的地方，就是那绵延不绝的稻田，我现在拿这稻田来做个比喻，以解释我所谓文明。我信仰真的文明，是给人类以生命的，反之，假的文明，是杀死人类的生命的，就是这稻田里的稻，是农人的劳力的结果，但同时是滋养人类的生命的，至于那野草呢，既不能滋养人类，却又摧残人类生机所在的地方。

现在人类最可悲的、最没救的，就是缺乏真的信仰，把无价值的东西当作有价值，把肤浅引人注目的东西当作贵重。这种情形，现在竟普遍到全世界了。那人们以为最宝贵的金刚石，究竟它的价值在什么地方呢，它能给人类以生命吗，它能给人类以幸福吗？可说是完全没有的。我们现在崇拜物质文明的心理，就是这样，因为物质文明，就像金刚石一样的有浮光彩。但是实在呢，却是完全无用的，完全无用的，完全不是稻的比较，我们现在的相信物质文明，就是如此，若照我们这样地相信下去，我们非得饿死在金刚石的沙漠里不可。

你们的文化是极伟大的，但是到今天，也走入危险的路上来了。我极诚地警告你们，照我所感觉的告诉你们，你们依旧要把精神物质的均（势）保持着，要保持着精神物质的均势，最好把我们的物欲放到我们精神的控制下面来，我不是政治家，我不能有办法给你们，我只能以我感觉的，注入你们的心里，至于如何，反正今日的畸形的文明则都（靠）你们了。

（最后记者所要声明的，就是这篇演讲是记者归后潦草所记出来的，故大意虽不差，细节必有错误与脱漏的地方的，不过那天会场上我看见一个外人，曾把泰氏的演讲速记出，那么外报上，定有更正确的记录，我希望有人把它译出来，就可以使我们一明真相而窥全豹了。）

又国闻通讯社记太氏演词云：（见本书"七城记"一辑《得与大诗人相晤，胜读十年书》中"泰戈尔之演说词"）。

（录自长沙《大公报副刊》，1924年4月25日、26日，"现代思想"栏，时事新报记者笔述。）

稻粒能予人以生命的滋养

一九二四年四月十八日

朋友们，我的一生，在青年时代的光阴，几乎全消磨在恒河两岸。在那里对着流水而默想，在野鸭群中，得着了诗的灵感和思想。所以见着山水风鸟，都异常亲切而自然。却最怕在大庭广众之间，立在高高的坛上，对人演讲。因为这样，往往觉得心思窒塞，不能自然地流吐出来。

至我对于中国的观念，虽则早知道中国是个文明古国，有很长久的历史，但是中国最初吸引我的魔力，是从印度大诗人迦梨陀娑的戏曲名《沙恭达罗》而引起。其中有一节，描画旗下飘动着的流苏，这流苏即是中国的丝做的。所以每想起风吹着流苏飘动的时候，便使我理想中得着中国文化的很深的印象，以为中国是一个奇异的、浪漫的国家，早想亲来一游，却到今天才成事实。

印度和中国本来有极深切的关系，佛教便是由印度传入中国的。印度将佛教当作一件自己文化的礼品，赠给中国，中国也乐于收受它，便取得了一种牺牲和博爱的精神，作两国文化互换的机缘。也许就地理上、人种上的关系说，还有别的国家比中国更为密切，但是思想的关系上，要算印度与中国最密切了。

我这次来，恰值中国危难多事的日子，种种困苦，我都知道而且感动。我以一个诗人的资格，原不能有所帮助，但我愿意替中国祈祷，希望她将来能脱离苦厄，而入于平安的境域。

所以我此番到中国，并非是旅行家的态度，为瞻仰风景而来；也并非是个传教者，带着什么福音；只不过是为求道而来罢了。好像一种进香人，来对中国的古文化行敬礼，所持的仅是敬爱数字。

我到中国之后，仿佛是在一所古庙里面，看见背后有无量的牺牲的精神。这使得我心中很深地感动，觉得对于这样伟大的文化，不禁要令人肃然起敬。

不幸我第一处便来上海这地方，使我颇生出不很愉快的感想，因为竟看不出一点点的中华文化的精神。将无价的精神，都渐渐化成贱价的物质的死的现象了。这是非常可为悲痛的。譬如我从上海到杭州去，沿路都是稻田，它是能给我们以生命的，以此为文化的比喻，便是真正的文化是能给我们以生命的。但现在文化的园地里面，损害的野草蔓延过来而坏文化的根芽了。野草越滋蔓，那稻田的危险也愈大。如今中国以道德的、美术的、情感的稻田里受野草蔓延的危险也正是一样。

只看现在的工业主义、物质主义，仿佛一块大石，在碧柔的草上摇滚，所向无不压伤。而这种牺牲所得的结果，也只不过如美国人所说的 Efficiency（效率）而已。

中国的文化，又譬如一株大树，虽则根深蒂固，但现在危险的，底下怕要有一股泉流，来把它的根冲折了。

如今是一个可悲的时代，一切真的情感都逐渐消灭了。我们不得不采用他们的方式，来防御他们，而这样的结果损失了些什么，便是萎伤了活的生命，而换来了无生态的系统、方法、组织、公司……

只有一种好的外貌，而实在的价值几等于零。

物质主义的侵入，我们诚然不能抵抗，可是如果我们迷信他，甘愿将活的精神，埋没了去换死的空壳的物质，又哪里值得呢？

朋友们！大家须及早觉悟啊！我真诚地提示警觉你们，等到感受着灰死的无味的苦痛时，再回想着一切有生命有生趣的精神的快乐，那时便要来不及了！因为真正有价之物，是不能复活的。

譬如拿金刚石和稻粒比较看来，那它们的贵贱是谁也知道的。但金刚石仅仅是一个虚漠的外形，而稻粒则能予人以生命的滋养。物质文明，虽然附着有光致的表面，但却不如精神生活有活泼自然的愉慰，能给人以真的充实的生命。倘如全世界都遍布了金刚石的时候，而一粒稻谷都无寻处，贵重的金刚石能吞餐吗？待将饿死时，叫苦也无用了！

现在印度也就有了这种悲惨的现象。印度原来是极爱自然爱美的人民，恒河是世界风景最清的所在。夹岸青郁的树林、河里闪的流水，一切都幽静而伟大地感到自然的清丽。现在可就不同了！浓秀的树，都变成工厂而弥漫了黑烟；河里一大船一大船载出去的，都是工业的制造品。

这些工厂的势力，扑灭了我们的生命。代价是给予了私人和资本家的利益，牺牲了自然的美并一国的文化。

我是个诗人，不是政治家，也不是外交家，只能说我心里最诚恳的话。我觉得中国现在正与印度上了同一的运途。我是爱文化的、爱生命的，不忍看着中国文化的日趋于危险之境，所以要真诚地警告你们。要晓得幸福便是灵魂的势力的伸张，要晓得把一切精神的美牺牲了去换得西方的所谓物质文明，是万万犯不着的！

只看如今全世界都仿佛有一种痛苦的呼声。西方的物质文明，几年前已曾触过造物主的震怒，而受了极巨的教训了。我们东方为什么也似乎一定非走这条路不可呢？

我也并非绝对地萦于幻想的生活，也有很强的理智的觉心。所以上面所说，并不是做空泛的论调。实在人生凡事，都各有其地位，不可发生一种颠倒的现象。即如物质和精神两样东西，我决不说物质不能有它相当的地位。它只能用来辅助精神生活的发展，而不能使精神为其所制服所扑灭，而造成无上之烦恼。我之所以崇拜中国的文化，就是因为她的历史上向来是使物质受制于精神；但是现在却渐渐互易地位了，看来入于危险和停顿的状态。我因此很为伤感。但我相信造物主，绝不会使这惨剧实现的！

朋友们，时候到了！我们应当竭力为人道说话，与惨厉的物质的魔鬼相抗。不要为他的势力所降服，要使世界入于理想主义、人道主义，而打破物质主义！

我是个诗人，感此情形最深，恨不能有一种能力，引起大家反抗物质的精神。只希望大家，对我的话同情，从迷幻中觉醒过来，破除精神物质的畸形，而各还他的本来地位。不过这种工作的进行，却非有牺牲的精神不可。

我很不高兴我不能讲中国的语言，使我们相互间多着一层隔膜和不甚达意。但我的诚挚的心意，想大家当能体会到的！

（录自《文学周报》第118期，1924年4月21日。）

亚洲民族自具可贵固有的文明

余乘轮溯扬子江而上，于昨夜月色朦胧时，登甲板瞭望，沿岸风景，依稀莫辨，于村林中窥见两三星火，回顾船上乘客，多入睡乡，鼾声大作，因发生种种感想，觉得世界上现时未普遍的光明，就等此村林中之星火；社会上乏清明的感觉，就等此乘客中之酣眠。及船近金陵，晨光熹微，鸟声杂树，无数帆船，顺风直驶，稳渡中流，又觉得此种光明浩大现象，即将来世界人类，经过混沌状态，由牺牲奋斗所得结果之比例。就亚洲民族特性及进化史观之，文化事业伟大的建设，不但并不缺望，而且希望甚大。溯上古时代，猛兽为患，人类几难生存。迨智识渐次进化，运用灵明之脑筋，主宰一切，学术势力膨胀，野蛮势力乃自然淘汰。今世界障害文化之恶魔势力如猛兽者甚多，排除责任，在于青年，排除方法，不在武器，当以道德势力、精神势力相团结，发挥伟大之感化力，以贯彻人类和平亲爱之主旨。近世文明，专尚物质，并不为贵，亚洲民族自具可贵之固有的文明，宣（宜）发扬而光大之。运用人类之灵魂，发展其想象力，于一切文化事业，为光明正大之组织是则中印两国之大幸，抑亦全世界之福也。

（录自《太戈尔在宁讲演纪》，《申报》，1924年4月22日。）

让新时期黎明的曙光照耀亚洲吧

我之所以感到无比荣幸,最主要的原因,并非你们的长辈对我表示尊敬,而是我听见了你们无声的盛情邀请。

无论在什么地方,有机会对学生和青年讲话,我总感到我的青春顷刻间复活了,并省悟到青年有不可剥夺的权利,宣布他们拥有健康成长的自由。我知道,你们这些年轻人,不需要现成的箴言的支柱,不需要磨光的禁令的戟矛,不需要僵死的书本中的教条,作为你们心灵的向导。你们的灵魂本能地渴望欢悦的阳光的鼓舞,渴望生命的春天,渴望秘密地帮助种子发芽帮助百花怒放的神力。在这方面,一位诗人或许能帮助你们,他庆幸他爱你们,也庆幸他不是你们的导师。

你们带来的年轻生命的礼物,犹如天空的晨星,以希望之光辉映着你们国家未来的岁月。我要高唱你们青春的赞歌,我是青春的诗人,你们的诗人。

你们知道,一个童话故事——永恒的青春的故事——几乎在世界各国流传。这个故事讲述一个美丽的公主,被几个身高体壮、心狠手辣的魔鬼劫持。年轻的王子闻讯骑马离开京城,从地牢里把她救了出来。你们能想象到,当我们小时候听了这个故事,我们是怎样激愤,觉得自己变成了王子,去营救公主,如何克服千难万险,最后成功地让她获得自由吗?如今,人类的灵魂也被关在庞大的机器的牢房里,我恳请你们——我年轻的王子们——体悟到心中萌发了同情,迫不及待地要从贪婪的魔掌中,营救被迫披枷戴镣的人类的灵魂。

我们乘船离开上海,沿着浩荡的长江,来到了南京城。这天夜里,我几次走出客舱,欣赏两岸的幽美夜景。入睡的农舍里,闪烁着落寞的灯光,烟雾迷蒙的丘陵沉浸在静谧中。清晨,举目望去,一艘艘木船升起白帆,涨满清风,在江面上疾驶。这幅生命自由运动的壮丽画卷,多么赏心悦目,我陶醉了,我感到我的生命之舟也扬帆飞驰,载着我冲出藩篱,冲出昏眠的昔日,进入广阔的人类世界,载着我游历了人类历史发展的各个阶段。

深夜,一座村庄是一个中心,每一幢默立着的农舍被麻痹了意识的链子缠捆着。我猜想我观赏夜景之时,那些沉睡的灵魂周遭浮荡着离奇的梦。令我的心强烈震颤的是,人们酣眠之时,局限在多么狭窄的个人生活的圈子里啊!沉入黑暗和无忧的寂静中的民房只有孤灯相伴。我看不见的唯一的清醒者,大概是鬼鬼祟祟的窃贼,趁人沉睡干着不光彩的勾当。

明灿的曙光中,我们跨出了个人生活的圈子。然后,沐着照临古今芸芸众生的阳光,在生活领域中互相了解、互相合作。这是破浪前进的航船捎给黎明的喜讯,也是舒张的风帆对我描述的生命的自由。我为此感奋不已。我衷心祝愿真正的黎明降临人类世界,金色阳光永远普照大地。

我们所处的时代依旧代表昏睡的人类世界的黑夜?各个国家囿于各自的疆域,名义上是国家,却像入睡的锁闭的民宅,用门闩、插销、各种律条禁锢自己?这些莫非反映文明的黑暗时期?我们尚未认识到在户外清醒地活动的是盗贼?他们举着的火把的暗淡的光不是文明之

这是诗人泰戈尔创作的一幅群山图。整个画面上画有三座山 呈现出汉字的"山"字形，中间的小山上长有几棵小树，在山风的吹拂下微微摇动。天高云淡，微风漫漫。整幅画给人以空灵、苍茫之感。

光，仅仅照着窃取的昏沉的利益和珍宝。

至今赖着不走的这个时代，应被称为人类文明最黑暗的时代。但我毫不沮丧。正如天空尚未破晓，晨鸟歌唱着宣告旭日升起，我的心歌唱着宣告：伟大的未来正向我们走来，离我们很近了。我们应当准备迎接这个新时代。

某些聪明、傲岸、务实的人说，心地善良不是人的本性。古往今来，人类互相厮杀，强者征服弱者。人类文明不可能有货真价实的道德基础。我们无法否认他列举的事实：强者统治着人类世界。但我们拒绝承认这揭示了真理。

让我和你们一起回顾一下远古时代的情景：富于创造力的生命之神，造出了一批巨型怪兽，那时节谁敢相信他们注定要灭亡呢？之后，发生了奇迹，在那些庞然大物的狂饮乱舞和自然力中间，突然出现了人。他形体瘦小，赤裸着，皮肤柔软，手里不拿武器，没有防御能力。他发觉他的智力，足以烧毁动物中间的蒙昧。他依靠自己的体力站了起来，手持动脑筋制成的武器。他自己保护自己，活了一年又一年。

然而，人类的生命尚未赢得真正的胜利。他的后裔，一半是真人，一半是人面禽兽，面目狰狞地遍布世界的每个角落，比起史前时期无所顾忌地露出真相的最狠毒的魔鬼，他们对大地的蹂躏，有过之而无不及。野蛮和智慧的结合所带来的麻木不仁的恐怖，使一些人处于高度的紧张之中，也使另一些人熟练地使用武器。正是这样的愚昧强悍起来，成为比世界上其他任何势力更令人害怕的灾祸。

在东方，我们曾经竭尽全力，试图在人们中间为野蛮套上笼头，控制它的残忍。可现在，脑海中涌起的大片幻想，已经压倒我们对精神和道德力量的信任。动物中的力量，起码与生命还是和谐的，可科学提供的骇人的武器，如一堆堆炮弹、毒气和杀人的战斗机是生命的死敌。

我们应该懂得，人们获得的任何真理，对所有的人有好处。金钱和财产属于个人，属于你们每个人。但你们万不可利用真理去实现个人膨胀的欲望，那样做是出卖天帝的祝福，牟取私利。科学也是真理。科学在治愈疾病、给予大批粮食和给予生命以更大空间方面，占有特殊地位。但当它帮助强者凌辱弱者,去抢劫熟睡的人的财物,那就是利用真理达到邪恶的目的。那些亵渎神圣的人,必将受到惩罚,难逃悲惨的下场,他们的武器回过头来将对付他们。

然而,新时代已经来临了,它发现的另一种伟大力量,将给我们勇气去忍受痛苦,而不是去制造更多的痛苦,这是一种勇于自我牺牲的无穷尽的力量。这将帮助我们击败野蛮的、贪婪的险恶用心和恶魔般的自我主义,如同史前时期智力制服庞然大物的蛮力。

让新时期黎明的曙光照耀亚洲吧,黎明时分,理想主义的大江大河,流出往昔,以其影响肥沃了生命的原野。我呼吁你们通过苦修验证它的道德力量。不是通过软弱的屈服,而是通过忍耐和牺牲的英雄行为,去证明我们可以显示我们最珍贵的财富和能力。要知道,不是什么庞大的组织,不是什么精明的势力的同盟,而是个人对无限、无形、无畏、不朽的天帝的信任,才会襄助你们。

伟大的人类社会,是梦想家而不是奸商的创造。亿万富翁生产数不清的一堆堆商品,却未创造伟大的文明。正是他们,到处破坏别人创造的文明。来吧,从机器的监狱中救出人类的灵魂,给它自由。大声宣告人类的精神,并证明它永驻于朴素的信念,永离机关枪和狡狯。

(录自《泰戈尔与中国》,泰戈尔著,白开元译,漓江出版社,2016年9月第1版。)

唯人道主义与普遍的爱
可降予人间幸福

亲爱的朋友们啊,我受你们的热烈欢迎,心中非常的感激,非常的喜悦。大家之所以欢迎我,大概是因为我可以代表印度人。中印之间,文化上有一种很深的关系。佛教之传入中国,即为印度文明传入中国之一大关键。印度与欧洲各国不同,没有强暴之武力,没有侵掠的政策,只有爱与文化。自从印度的文明传入中国,两大民族之间,譬兄弟一般,已发生一种不自觉的精神上的关系。今天我演说所用的语言既非印语,又非中国话,用的乃是英文。这语言上的隔阂,乃是一件最痛心的事,而诸君犹很热心地来听敝人演说,由此可以证明我们有一种不自觉的了解,譬如天上的月亮,它照在水上、地上、树上,虽默无一语,而水也、地也、树也,与月亮有相互的自然了解与同情。我在杭州的时候,有位朋友送给我一颗图章,上刻着"泰戈尔"三字。我对此事很有感动,可以使我了解人的名字与社会里的关系。印度小孩降生之后,有两种事要紧:第一要与他起个名字,第二要给他少许的饭吃,然后这小孩子便与这社会上发生了不可磨灭的关系。我这图章上刻着中文名字,头一个字便是泰山的"泰"字。我得此后仿佛就有权利可以到中国人的心里,去了解他的生命。因为我(泰氏自称)的生命,是非与中国人的生命拼作一起不可。我在上海时,也曾有人撒传单反对我,说是方今正在以物质文明相竞争时代,忽有人专讲精神未免过于迂腐。

他不知道物质文明，已发生了极悲惨的结果，唯有这人道主义与普遍的爱，可以降与人间幸福。现在之怀疑神灵之说者，殊无充足之理由。方世界未成立之前，空中纯是大气弥漫，那时谁信有日月星辰，而太阳光终能发现，朗耀世界。现在神灵尚未昌明，譬如宇宙之在混沌时代，将来精神世界定可打破黑暗而光照全世。我之所说他人信从，我固欢迎，他人不信，或反对，我亦不为动摇，当坚持不磨作永久之宣传。

（录自《泰戈尔过济盛况补志》，天津《大公报》，1924年4月25日第1张。）

在这古文明的旧邦寻到了乡土的欢欣

一九二四年四月二十七日晚在北京海军联社的讲演

我的朋友们,我们来外邦做客的,只能在当地人自然流露的情感里寻求乡土的安慰,但也只他们的内心有盈余时,做客的方有分润的希冀。有的自身先已穷苦,他们便不能开放他们的心府与家门,款待远来的过客。只有人情富有的国民才能有大量的殷勤。

在一座古旧的森林里,林木终古地滋长,花叶相继地鲜妍,那地下的泥土也跟着益发的膏腴、深厚与丰饶。你们这古旧的文明也富厚了心灵的土质,他的绵延的人道的栽培使从这土地里滋长的一草与一木,都涵有活泼的生机。就为是近人情,就为是有充实的生活,你们的文明才能有这样的寿命。有的文明也曾产生过他们的智慧、理想与艺术的收成,但他们不曾持久,只有一度的荣华,便变成荒芜。但是你们,为的是地土的深厚,还是培养着这生命的大树,摇曳着和蔼的青荫,结着鲜甜的果实,便是远来的行旅,也有仰庇与解渴的快乐,这是使我做客的深深的铭感。我因此也深信你们的文学与其他表现的艺术亦必亲切地感受这一点可贵的人道的精神,因为表现一民族个性最准则的与最高的方式只是社会自身、生活自身。我已经从你们的生活的杯里尝味一种异样的芳酿,饮啜了不朽的人情。为此我们远来的游客在这古文明的旧邦不但没有生疏的感想,竟然寻到了乡土的欢欣。

今天下午我在报上看见一篇文章,说你们的特性只是近人情,我也很相信。我方才知道今晚同座的不少诗人与文学家都是我同行的劲敌,但是他们不但没有嫉忌的痕迹,并且一致地给我这样诚挚的欢迎,这不是你们富有人情的一个铁证?我并不懂得你们的文学,我没有那样的学问,但是单就我念过少数中国诗选,已经够我醉心。我盼望以后有机会仔细地品评,你们的文学有一种特异的品性,纯粹中国的,我从不曾在第二种文学里得到相类的经验与印象。但是我知道你们比我懂得多,用不着我来讲你们的文学。我今晚只想把我自己国里文学界的情形约略讲给你们听。方才我听说你们的文学受一种固定的形式的拘束,严格的章法妨碍表现的自由,因此缺乏生命的跳动。我们的文学早年也有同样的情形,但是在我们,古梵文文学的影响只限于知识阶级,在平民文学里并没有多大的势力。我们古代的通俗文学,现在都已遗失了,但是我们相信当初一定有方言的文学,而且曾经给当年的诗人不少的灵感。因为我们在古文学里看得出这平行水流的暗示,文言的与方言的文学同时在先民的心怀里流出。但是因为方言继续的改变,又没有准确的记载,当初方言的文学都只是互相口述的,他们也就跟着时代的转变晦涩与毁灭。同时近代的方言渐渐地发展,在文学里创造了不少永久的体裁与方式。我的朋友沈教授,他曾经研究过印度中古的诗,他可以告诉你们在13世纪与17世纪之间我们出了不少有名的玄秘派的诗人。经他的指导我自己也念了他们的名作,我得到很有趣的发现,因为虽则隔着几百年的分别,他们所表现的思想与情感,还只是我们当代人的思想与情感。他们是时新的,充满着真纯的热烈的生命与美的情感。所有真的作品永远是时新的,永远不会褪色与变旧,所以我说我们中古时期的文学只是时新的。

在我们彭加耳(孟加拉)地方当年因为佛熙那梵运动(Vaishnava movement)产生了不少抒情的诗歌。在印度一般平民的心灵的生活全靠一种深沉的玄秘性或宗教性的情感继续地给他们营养与鼓舞。我们往古圣哲们的使命也就只给他们精神的安慰,他们在社会上因为阶级制度的关系,不仅没有体面的地位,而且实际上忍受压迫与凌辱。我们的前辈教导他们人格的自重与灵性的神圣,给他们勇敢与希望,鼓荡他们潜伏的心声。所以那时期出产的诗歌有一种神异的智慧的深厚与方式的美艳。

我自己开始我诗人的生涯时,英国的文学很影响那时的作者。我想这也许是我的幸运,我那时并没有受什么所谓正式的教育,因为在习惯上上等的人家都应该送他们的子弟进学堂、进大学受相当的教育。虽则我不能说我自己完全不受当时模仿性的文学的影响,但我自喜我著作的路径并不曾设误,我的根蒂依旧种植在我们早期文学柔软的泥土里,不是在杂乱的蔓草中。我相信我及早逃出学校的牢门与教师的专制是我的幸福。他们杂色的标准因此不会沾染我清洁的本能。因此我有的是创作的自由,我一任我的恣肆的幻想,搏揉文学思想,制造新体的诗歌,因此我也备受渊博的批评家的非难与聪明人的大声的嘲笑。我的知识的固陋与异端的狂妄的结果使我变成了文学界的一个法外的浪人。我初起著作的时候,我的年岁其实是可笑的幼稚;我是那时的作家里最年轻的一个。我没有相当年岁的保障,又没有体面的英国教育的面具,所以我的早年的尝试并没有得到多大的奖掖,我只是在脱离尘世的生活中,享受我的自由。后来我年岁渐渐地大了,我不敢说这有多大的好处。总之,在这时期内我渐渐地打出了我的路径,从冷酷的笑骂与偶逢的奖励中渐渐地取得了认识与评价,虽则毁与誉的等分还不过是地面上水与地的比量。

如其你们要知道我为什么在早年便有这样的大胆,我可以说彭加耳抒情的诗歌是给我勇敢的一个源泉。我到如今还忘不了它们的影响,那样规律地自由，那样无忌惮地表现。我记得那些诗歌最初印行的时候，我还只有十二岁。我从我的长辈的书桌上私自地偷得了诗本，我明知是不应该的，像我那样的年纪不应得那样的放肆，我应得好好地上我的学、缴我的考卷，走正规的方向，避开危险的路径。并且我那时偷着念的诗歌大都是男女恋情的，更不是十多岁的小孩子应得研究的。但是幸而我那时的想象力只爱上了它们的形式与声调的美，所以虽则那些诗歌充满着肉艳的彩色，它们也只是轻风似的吹过我的童心，并没有扰乱我的方寸。

我那时在文学上无赖的生涯还有一个缘由。你们知道我的父亲是一个新宗教运动的领袖，他是根据优婆尼沙昙的教训主张绝对的一神论的。在彭加耳的人看来，他差不多与主张基督教的一样的荒谬，也许更坏些。所以我们与当时的社会绝对地没有交情，不相往来，这又是强迫我做叛徒的一个缘由，脱卸我服从过去的负担。

我差不多在髫年的时候就感悟自然的美，嫩色的草木、流动的云彩、大空中随季变换的鸟声的风籁，都给我一种亲密的伴侣的感觉。同时我对于人情的感受力也是很深很强，也要求文字的表现，我尤其想用我自己的工具来传达我内在的情绪。真挚的情感自然地要求真纯与正确的表现，但是我那时功夫太浅，不能发明完善的方式，抒写蓬勃的心境。我家里的人多少都是有天分的——有的是美术家，有的是诗人，有的是音乐家——所以我的家庭的空气里只是泛滥着创作的精神。从那时起我在我的国内得了声名，虽则一部分人到如今还是很强烈地反对我。有人说我的诗歌不是从我们正宗的炉火里熔冶出来的；有人说我的诗太不可解；也有人说我的诗不够洁净。事实上我在我的国内从不曾有过全盘地承受，这也是一件好事。因为最容易使人堕落的是成功，这是我的文学的生涯的梗概。但是我自己口里的传述是有限的，可惜

但是你们的,为的是土地的深厚还是培养着这生命的大树,摇曳着和蔼的青荫,结着鲜甜的果实,便是远来的行旅,也有仰庇与解渴的快乐,这是使我做客的深深的铭感。

我再没有别的方法能使你们更亲切地了解我的著作的生平。我盼望你们将来有机会看我彭加利文(孟加拉文)的原著。我们的文字是不大量的、吝啬的,除非你直接去求教她,假如你单凭译文去认识她,她是不轻易开放她的宝藏给你看的。你得亲自地去温存她,殷勤地去伺候她。诗歌是心灵的表现,它们不比得金银或是别的实体的物质可以随便兑换的。你不能从一个代理人的身上得到你爱人的微笑与妙瞬,不论他是怎样地尽心与尽职。

我自己也曾经想从文字里寻得欧洲各国文学的妙处。我年轻的时候我曾经尝试檀德（不能确指，疑为但丁），但不幸我看的是译文，结果是完全的失败，我凭我的良心只得中止我的尝试。所以我的檀德只是一本合紧的书，我始终没有认识他。

我那时也想学德文，我最初念海涅的译文时便窥见了一瞥的神光。幸而我认识一个传教的德国女士，我就请求她的帮助。我用功了好几个月，但是因为我有的是小机灵，那并不是件好事，我就缺乏耐心。我有的是危险的小聪明，什么意义一猜就着，太容易了。我的先生以为我真的已经通达了，其实并没有那回事。但是我居然念完了海涅，念得也很高兴。其次我就尝试哥德（今译为歌德），我的野心太大了，我拿起了《浮士德》，凭着我有限的德文知识，也居然念完了。我想我总算进了宫院的大门，但是我恰没有开门的秘钥，没有进内院去瞻览的特权，我只是寻常的游客，只准在客厅内小坐，虽则也很舒服，但不能使人满意。他的抒情的与此外的诗歌更不是我的份了。所以认真地讲，我并不懂得我的哥德，还有许多伟大的明星也是因为文字的关系我始终不能分润他们的光亮，这正是当然的情形。你如其不经由朝拜的行程你如何到了神座的跟前？所以你们单看译本是很不容易看到我们的文字的真相。你得自己亲身来对她求爱，得到了她的柔情你方才可以见到她的真美。因为她的妙处就在她的容貌与丰采，并不是货物似的存在她的栈里。

你们猜想我是一个诗人，但是你们的证据是很薄弱的，你们的信仰是含糊的，所以你们想收集外貌的凭证来加添一些重量。你们因为我有美丽的花白胡须，所以你们就确信我是一个诗人，你们这么说很使我满意。但是我的虚荣心还想要求你们更深刻地认识，那才给我更深刻的满意。我盼望你们能够从我的声音里认识我，我的声音就在我的诗里。我真的盼望我的话能够引诱你们来学彭加利文,我盼望坐在我对面笔记的诗人能够发这样一个愿心。我愿意收他做我们的学生,尽我的力量来帮助他。我要请你们来看看我们在彭加耳所做的事业。我们的文学有很大的前途,我们有的是真的文学,因为这里面有的是生命的真,不仅仅是辞藻。我顺便也想告诉你们我们新近的艺术运动的大概。

我的侄儿是这新艺术运动的领袖,前途也很有希望。我同来的朋友鲍斯,他也是一个大美术家,如其他愿意对你们讲,他可以使你们知道这运动逐渐发展的情形,与它内在的生命。

至于音乐,我自己也算是一个音乐家。我曾经制作不少的诗歌,完全不顾正宗派音乐的原则,因此很多人都怪我的莽撞,因为我所以大胆的缘故只为是不曾受过正式的训练。但是我还是继续我的工作。上帝容恕我因为我自己不知道我做的是什么。也许在艺术里工作这是最好的方法。因为我发现责备我的人他们自己先就唱我的歌。他们并不愿意喜欢我的歌,他们相信他们并不喜欢我的歌,但是他们还是免不了唱我的歌,虽则不一定唱得对。你们不要以为我的虚荣心大,因为我是虚心的,所以我能够客观地评判我自己,能够堂皇地称赞我自己的作品。因为我是谦让的,所以我不迟疑地告诉你们,我的诗歌在我的国民的心里已经取得了永久的地位,像春天的鲜花永远有它们的生命。而且不仅是当代的,就是将来的人们,在他们欢欣或是忧伤或是逢到喜庆的日子,我的歌调就会不期然地在他们的心里流出,他们忘不了我的声音,这也算是一个革命家的成就。

(徐志摩译。原载《小说月报》,第15卷第6号,1924年6月10日。)

爱这土地与爱这土地所生产的物品

一九二四年五月一日在清华学校

我的青年的朋友,我眼看着你们年轻的面目,闪亮着聪明与诚恳的志趣,但我们的中间却是间隔着年岁的距离。我已经到了黄昏的海边,你们远远地站在那日出的家乡。

我的心伸展到你们的心,你们有我的祝福。我羡慕你们,我做小孩的时候,那时仿佛是东方不曾露白。宇宙暗森森的,我们不曾充分地明白我们自己已经出世在一个伟大的时期里。

那时期的意义与消息已经显露在今朝。

我相信现在在世界上有的是人们,他们已经听着这时期的感召。

你们正可以自负,同时也应得知道你们的责任,如今你们生长在人类历史上最伟大的一个时期里。我们从我们的苦恼与痛楚的火焰里隐隐地辨认出这时代的伟大,这苦痛是普遍的,我们还不十分知道前途是何等的光景。

保持着生命的全部的种子,并不知道它包涵着的完全的真理,就在那茎萼豁裂的俄顷,我们也不能断定这里面生命将会滋长成什么方式,更无从知道它将来结成什么果实。

现在时代的茎萼已经豁裂了,这是全在你们,在你们各个青年的身上，给这个新生的生命需要的生长的动力。

在人类的历史里，创作的力量虽则有甚分明，但这是人类的特权给他活动的方向，参与他们自己命运的发展。

什么是这时期里伟大的事实？那就是我们的门户已经开豁，一个广博的未来的使者已经来到，他已经敲打我们的大门，我们门上的阻拦都已经让路。

人类的种族都已经从他们的藩篱内出现，他们已经聚在一处，他们再不在他们隐秘的居处藏匿。

我们从前只是在我们自己邦家的店铺里单独地经营我们各自的生活，我们不知道在我们墙垣的外面发生的事故。我们没有智慧也没有机会去调和世界的趋向与我们自身的发展。

我们已经出来，我们不再在墙圈里躲着。我们现在应得在全世界的面前辩护我们的价值，不仅在我们容宠的家人面前卖弄能耐。我们必须证明我们的存在的理由，我们必得从我们各家独有的文明里展览普遍的公认的成分。

现在我是在中国。我问你们，我也问我自己，我们有的是什么，有什么东西可以从家里拿出来算是你们给这新时期的敬意？你们必得回答这个问题。

你明白你自己的心吗？你知道你自己的文化吗？你们史册里最完善、最永久的是什么？你们必得知道，如其你们想要自免于最大的侮辱，遭受蔑视，遭受弃却的侮辱。拿出你们的光亮来，加入这伟大的灯会，你们要来参与这世界文化的展览。

我听得有人说，你们自己也有人说：你们是实利主义的与唯物主义的；你们不让你们的梦想的翅膀飞入天空去寻求辽远的天堂或是未来的生命。

如其这是实在的，我们正应得接受这个事实，更不必申辩，我们正应得认定这是你们特有的天赋，你们正可以从这里面设法你们的贡献。但是我却不能相信你们是纯粹唯物主义的。我不能相信在地面上任何的民族同时可以是伟大而物质主义的。我有我的信条，也许你们愿意叫作迷信，我以为凡是亚洲的民族决不会完全受物质主义的支配。在我们天空的蓝穹里，在太阳的金辉中，在星光下的广漠里，在季候的新陈代谢里，每季来时都带给我们各样的花篮，这种种自然的现象都涵有不可理解的消息，使我们体会到生存的内蕴的妙乐，我不能相信你们的灵魂是天生的聋瞽。

唯物主义的倾向是独占的，所以偏重物的人们往往不让步他们私人独享的权利、攒聚与占有的习惯，你们中国人不是个人主义的，你们社会本身的基础就在你们共有不私有的本性。你们不是那唯物主义的利己心的产物，不是无限制的竞争的混淆，你们不是不承认人们相互的关系与义务。

在此地我看出你们不曾沾染现代普遍的恶病，那无意识的拥积与倍徒财富的癫狂，你们不会纵容那所谓"万万翁"一类离奇的生物的滋长。

我也听说，不与旁人一般见识，你们并不看重军国主义的暴力。这又是你们不是唯物主义者的证据。固然你们是异常地沾恋这个现实的世界，你们也爱你们的土地与实体的事物，但你们的占有性并不是无限度的，你们不把你们的产业包围在独占的高墙里面。

你们是好施与的，你们充裕时亲族都沾恩惠，你们是重人情的，你们亦不过分地营利。这又是你们不是唯物主义者的一个凭证。

我这一路旅行，我看见你们的人民怎样地尽力培植地利，怎样地尽力经营他们的产品，你们日常的用品也都是你们精心勤力的结果，处处都看出爱美好的本性与美术的天才。这又是你们不是唯物主义者的一个凭证。你们如其只是贪图物利，你们就不会有那样可爱的作品。

如其贪心是你们的主要的动机，如其你们只顾得事物的实利，那时你们周遭的美秀与雅致就没有机会存在。

贪心的成绩你们不曾见过吗：上海、天津、纽约、伦敦、加尔各答、新加坡、（中国）香港——这类奇丑的鬼怪世界上到处都是，都是巨大的丑怪。只要他们的手一碰着，有生命的就变死，柔润的就变僵，上帝的慈恩变成了魔鬼的拨弄。

你们的北京没有那样凄惨的现象，这个古旧的城子是人类集合的一个极美的表现，在此地平常的店铺都有他们简单的装潢。

你们爱你们的生活，单这爱就使你们的生活美好。不是贪心与实利；他们只能产生做买卖的公事房，不是人住的家。公事房是永远不会得美的。

能爱实体的事物却不过分地沾恋，而且能给他们一种优美的意志，这是一桩伟大的服务。

上天的意思是要我们把这个世界化作我们自己的家，不是要我们存在这世界里像是住店似的。我们只能从一种服务里把这世界化成我们自己的家，那服务就在给他我们真心的爱，又从这爱里使他更美。

从你们自己的经验里你们就可以看出美的人情的恳切的事物与机械性的干净与单调的分别。

粗拙的实用是美的仇敌。

在现在的世界里我们到处只见巨量的物品的出产，巨大的工商业组织、巨大的帝国政治，阻碍着生活大道。

人类的文明是正等着一个伟大的圆满，等着他的灵魂的纯美的表现。这是你们的责任，你们应得在这个方向里尽你们的贡献。

你们使事物美好的成绩是什么？我是从远道来的，我不懂得你们的一切，在理岂不是你们各样的事物，单只单纯的事物，就够我的为难不是？但是因为你们能使事物美化，所以就在你们的事物里我也看出一种款待的殷勤。我认识他们像是我自己的东西，因为我的灵魂是爱美的。

为着物品的堆积在别的国里的生活差不多变成了古埃及帝王墓窟里的光景。那些物品暗森森地喊着"躲开去"。

但是我在你们国内在日常用品里都能体会出意味的时候，我只听着他们好意的呼唤，他们说"你来收受我们"，他们不嚷着要我"躲开去"。

你们难道愿意忘却你们这样重要的责任，甘让这美化一切事物的天才枉费，忍心压这可贵的本能，反而纵容丑化恶化的狂澜泛滥你们的家室吗？

污损的工程已经在你们的市场里占住了地位，污损的精神已经闯入你们的心灵，取得你们的钦慕。假使你们竟然收受了这个闯入的外客，假使你们竟然得意了，假使因此在几十年间你们竟然消灭了你们这个伟大的天赋，那时候剩下来的还有什么？那时候你们拿什么来尽你们对人道的贡献，报答你们在地面上生存的特权？

但是你们的性情不是能使你们永远维持丑恶的。我愿意我信你们没有那样的性情。

你们也许说"我们要进步"。你们在已往的历史上有的是惊人的"进步"，你们有你们的大发明，其余的民族都得向你们借，从你们抄袭，你们并不曾怠惰过，并不是不向前走。但是你们从没有让物质的进步，让非必要的事物，阻碍你们的生活。

为什么在进步与圆满间有那样的阻隔？假如你们能把你们美化的天赋关联住那阻隔，那就是你们对人道的一桩大服务。

你们的使命是在于给人家看，使人家信服，爱这土地与爱这土地所生产的物品不必是唯物主义，是爱不是贪，爱是宽裕的，贪是乖戾的；爱是有限度的，贪是忘本分的。这一贪就好比拿根绳子把我们缚住在事物上，贪的人就好比如被那条无魇的粗绳绑住在他的财产上。你们没有那样的束缚，单看你们那样不厌不倦地把一切事物做成美满就知道你们的精神是自由的，不是被贪欲的重量压住。

你们懂得那个秘密，那事物内在的音节的秘密，不是那科学发明的力的秘密，你们的是表现的秘密。这是一个伟大的事实，因为只有上帝知道那个秘密。

你们看见在天然的事物里都有那表现的灵异，看园里的花，看天上的星，看地上的草叶子。你们不能在实验室里分析那个美，你们放不到你的口袋里去。那美的表现是不可捉摸的。

你们是多么的幸运！你们有的是那可贵的本能，那是不容易数给人家的，但是你可以准许我们来共同（分享）你们的幸运。

凡是有圆满的品性的事物都是人类共有的。是美的东西就不能让人独占，不能让人轻易地堵住，那是亵慢的行为，如其你们曾经利用你们美的本能，收拾这地面，制造一切的事物，这就是款待远客的恩情，我来即使是一个生客，也能在美的心窝里寻得我的乡土与安慰。

我是倦了，我年纪也大了。我也许再不能会见你们了。这也许是我们最后的一次集会。

因此我竭我的至诚恳求你们不要错走路，不要惶惑，不要忘记你们的天职，千万不要理会那恶俗的力量的引诱，诞妄的巨体的叫唤，拥积的时尚与无意识、无目的的营利的诱惑。

保持那凡事必求美满的理想，你们一切的工作、一切的行动都应得折中于那唯一的标准。

如此你们虽则眷爱地上实体的事物，你们的精神还是无伤的，你们的使命是在拿天堂来给人间，拿灵魂来给一切的事物。

徐志摩附述：

泰氏在清华住的那几天——五月初那星期——承清华学校曹云祥与张仲述两先生的好意替他安排得又舒服又安闲，他在他的忙碌的旅行期内总算受用了几天的清福，那是他近年来不常有的。他在那边随便与学生们谈论人生问题——自宗教至性恋，自性恋至财政，不仅听着的人实惠，讲的人不受形式的拘束也着实的愉快。那几番话不知道当时或是事后有人记下否（恩厚之只剪着几条断片，却始终不曾整理出来），如其有我盼望记下的诸君将来有机会发表，因为我虽则那几次都不在场，但听老人的口气似乎他自己以为与学生们的谈话是很投机的。

我上面翻译的是他在清华的一篇讲演,这也不是事前预备的,他在中国与日本的讲演和谈话——除了在真光的三次——都是临时的、应景的,我们跟着他的人们常常替他担忧。怕他总有枯窘的时候,长江大河也有水小的季候不是,怕他总不免有时重复他已经说过的话。但是白着急!他老先生有他那不可思议的来源,他只要抓到一点点的苗头,他就有法子叫它生根、长叶、发枝条、成绿荫,让听众依偎着他那清风似的音调在那株幻术的大树下乘着凉、歇着,忘却了在他们周围扰攘的世界,不仅是这类的讲演,就是他所有的作品,诗与小说与戏剧,他自己说他也从未曾事前有什么规划,他不知道有什么起承转合的章法,他也不会"打腹稿",他至多无非抓住一点点的苗头,这苗头也许是有形的,亦许是无形的,或许是他的心灵里有一朵彩云飞过时投下的痕迹,他只凭借他的诗神给他的"烟士披里纯",他只要摇着他的笔,也许同时也摇着他的银白的头,文章就来,戏法就出,或许是一首小诗,或许是一段故事,或许是一长篇的戏剧。他自己不知道是哪里来的,他不是那只开一季的鲜花,他是那四时不谢的仙葩。我有一次问他像这样永远受创造冲动的支配究竟是苦还是乐,他笑了;他也反问我一句话,他说,你去问问那夜莺,它呕尽它的心血还要唱,它究竟是苦还是乐?你再去问那深山的瀑布,它终年把它洁白的身体向岩的深谷里摔个粉碎,它究竟是苦还是乐?我当时似乎很懂得他的意思是苦还是乐,但现在我又糊涂了;现在我连苦与乐的界限都分不清楚了,我盼望我再不会发那样蠢气的问!

这是支话。我要说的是这篇讲演的原文的音调是有一种别样的风致,我愿意我没有替他翻译的必要。大概是原文愈好,译手便显得愈拙,尤其是面对着有音调的文字,我们手拿着四不像的"白话文"的翻译者真有些害怕天上打雷;因为如其亵渎了字纸就不免干犯天怒,这样煞风景糟蹋精品的罪孽,还不应得抵拼着一个脑袋让雷公菩萨秉公办理!他这篇的句调,不期然的很匀净、很整洁,像是一篇散文诗——在翻译里当然是完全看不出来了——尤其叫读者记起约书的音节。在这篇里他的词调也比往常的来得婉转——是讽不是谏,是惆怅不是恚

愤,是诉不是忤,是初夏黄昏时星光下柔软的微风,不是囊括砂土的怒氛(他在济南与武昌的演说就不同)。他的旨也是很微的,犹之他的辞是约的,他永远没有大学教授那样通畅,他要我们同情地体会,犹之他也只同情地婉讽;他不愿意指摘我们的丑德,虽则他的神通的目炬那一处的隩隅不曾照彻,所以他也祈求我们对他也不要过分地责备。他那清澈的声音曾经是我们一度的耳福,这声音已经过去;我们有的是完全遗忘他的权利;但如其他的余韵在少数人的心里还不曾完全消灭时,我敢说他这高年跋涉的辛苦也就多少留存了一些影响。

他这番话里有正与反两个意义。反面说,他是怕我们沾染实利金钱主义与机械文明的庸凡与丑恶;正面说,他是怕我们丧失了固有的悠闲的生活与美好的本能,他们的对头是无情的机械。但他反复申说的是我们能凭美的原质变化我们的生活、制作我们的用品,"在这美的心窝里",他说,他"虽则是一个生客也可以寻着他的乡土与安慰",因为"他的灵魂是爱美的""美的事物的本身就是一种款待远客的恩情"。他求我们不要忘却这部分,我们的天赋与能耐。他叮嘱我们生存在地面上是一个特权,不是随便可以取得的,我们要不愧享用这个特权,我们应拿出相当的凭据来;我们独有的贡献与服务是什么?

为什么单纯的实用与便利和美的原则不相容?为什么柔和的人情是美,是可爱;机械式的生活,不论怎样的卫生,是丑,是可厌?为什么贪欲是丑,爱感是美?为什么上海、天津是丑,北京是美?丑的原因是在哪里;美的条件是什么?这都是我们应该思考的问题。我们要美还是要丑;愿意保存美的本能还是纵容丑恶的狂澜?愿意在自己店铺与家庭里过日子,还是愿意在工厂里或是交易所里讨生活?这也是我们应得对答的问题。

我已经替他疏解够了。各人有各人的见地,美与丑也没有绝对的标准。如其我们情愿放弃人类的特权,就是替创造历史的力量开一个方向,在我们自己命运的历程里加入我们意志的操纵,如其我们情愿放弃这特权;如其我们只要"随水淌",管他是清流是浊流;也许甚至于甘愿地服毒,甘愿地拿窑煤向自己的脸上擦——谁管得?

我自己听他讲的时候,我觉得惭愧,因为他鼓励我们的话差不多是虚设的。他说我们爱我们的生活,我们能把美的原则应用到日常生活上去。有这回事吗?我个人老大的怀疑。也许在千百年前我们祖宗当得起他的称赞;怕不是现代的中国人。至少我们上新大陆去求新知识的留学生们懂得什么生活,懂得什么美?他们只会写信到外国的行家去定机器!在他们的手里,我们的生活有什么重新的机会,他们的脑筋里也只有摩托车的喇叭声,他们见过什么优美的生活?我也认账我自己的固陋、浅薄。这次见了日本我才初次想象到生活的确有优美的可能,才初次相信泰戈尔的话不是虚设的,在他辟透的想象里他的确看出我灵魂的成分里曾经有过即使现在稀淡了美的品性,我们的祖先也的确曾在生活里实现过美的原则,虽则现在目前看得见的除了龌龊,与污秽,与苟且,与懦怯,与猥琐,与庸俗,与荒伧,与懒惰,与诞妄,与草率,与残忍。一切的黑暗外,我不知道还有什么?我们不合时宜地还是做我们的梦去!

七月二十六日庐山小天池

(徐志摩译,原载《小说月报》,第 15 卷第 10 号,1924 年 8 月 10 日。)

凡人身体所有的十几种物质，都是这大物体世界里边所包括而有的同一物质

　　五月五日，傍晚五时许，夕阳返照着环拥荷花池畔的苍茵，山堤树影横斜。而池面之微波亦因之成明阴错综、金光浮荡的美趣。时则印度哲人泰戈尔，因他的从客士女数人，正围坐后工字厅槛外，临风茶叙。我跟本校同学十余人，亦照预定时间，到荷花池旁边伫候。过了几分钟，泰氏乃拥客离席，同学们亦就跟着上前。于是泰氏入后工字厅当中，背着槛外的石山坐下，诸同学多环坐席上。先由同学高君起问，被西洋文明迫成之饥窘问题，应当何样解决？泰氏用流利之英文，滔滔叙说印度这问题的始末，极感兴趣。现在我冒昧译述于下："我（泰氏自称）对这问题，因为不十分明了中国的经济情况，所以只能根据印度的经过情形来讲。印度的情形，与中国亦有许多相同的地方。当我年少的时候，印度人大都住在乡村，而当时的村庄生活虽然朴实，而确是都很快乐的！那个时候，凡与我们家庭稍有一点亲戚关系的人，都可以到我们家里食住，所以我们往往有极大的家庭。因为那时风俗，各庄家都愿意尽他们的力量所及，供给来客饭食。那时候印度人耕种所收获的粮食既然丰裕，而且全贮存印度境内，为本地人消用。所以各农家见有行旅过客，没有不乐意招待、厚款饭菜的。再讲村居的生活状况，各农家除田事以外，亦还有社交同娱乐的时间。其中最重要

的就是戏剧的艺术。多数的农民虽没有享过学校的教育，但是他们因为受戏剧的陶冶感移，亦很能发展赏美乐善的心情。可见这种戏剧，实在是很富于教育上、艺术上的价值了。

一般有名学者，都是住在自己的村居，要从他的学生，就到他那里住着，同他领教。这些学生，不特不预交纳修金，而且连伙食、住宿都是由师长供给的。当时的社会，因为明白了培养起一个学者，是要替社会造幸福的缘故，都以支持青年求学为社会的责任。民间既然是衣食丰饶，风气亦称醇厚，凡庆祝良辰喜事，或因别的缘故请客的时候，无论什么人，都可以到这一家吃酒看戏、享受娱乐。固然食品只是当时的简单果肉，然而供食百千的宾客请帖真算公开呢。

富豪人家，当喜事宴请的时候，习例都要先宴请远近有名的学者到会，不特以厚礼宴款，而且亦在此时送给学问家酬谢的金钱。这些学者之间，此时亦常发生辩论，往往让各处来之学生辩驳，而先生们只在旁边观察之。但辩论之胜负，于各先生之名誉亦稍有关系的。凡此都是印度没有同西方接触时候的景象。

后来印度受西方人工商业的侵入，到了近几年来，印度人几乎都被时势迫着去做苦工，以保持他的生活。印度受西方物质文明的压制，使少数人发财、据有资本，而普通人民，都要做苦工制造许多不在本国消耗的物品输运出口。一方面风气亦渐尚浮华，生活程度日高。同时与西方通商后，几个大城都发展得非常兴旺，而旧日乡村之半乐生活，即随之一落千丈。原来有大城市的国家，往往把全国的精华皆萃集在一块地面。结果，城市一部分的居人单独兴盛，而郊野中大多数的人口都处在零落苦役的地位。印度从城市发达以来，以前守着家园的学者、医生，亦都被牵诱到城市里去做事。而乡村的生活，亦就日行干

凡人身体所有的十几种物质,都是这大物体世界里边所包括而有的同一物质。譬如在人身上血液里的水,在大物体世界里,则为奔腾河海及空中之雨水。

枯憔悴了。刚才所举的这几种恶趋势,所由生产,全是因为他们发展失去了均衡的准则。因此,劳动者与农主之阶级悬殊,城市之过分发展,都是亏失均衡之道。"

尚君起问泰氏,他所信仰的上帝究竟是否与耶稣教的上帝有分别?泰氏答谓:他所信的上帝,与耶稣教旧约圣经中所讲的偏狭的上帝不同,但他与新约中耶稣所信奉之上帝则大略很相似。尚君复问:"则何以证明上帝之存在?"泰氏侃侃解说,听者莫不觉得他讲时神趣之锐敏,他先说明物质部分的人身与体外之物质世界的关系作为引证，大意说：人们的生理上的有机身体之外，就有万有物体之大世界去供给他生活的需要，和满足他的官觉。凡人身体所有的十几种物质，都是这大物体世界里边所包括而有的同一物质。譬如在人身上血液里的水，在大物体世界里，则为奔腾河海及空中之雨水。而且我们的身体总永远在感觉那体外之较大的实在体——物体的世界。假如人世间没有物体的世界的存在，我们这有机物质的身体便要完全失去它的存在的意义了。人们身体上之灵动官能，全在继续着要求和自体以外之物体接触。例如人们的眼睛必定是时常喜欢能看见外界的东西，耳朵则要求时常能够听见外界的声音。况且眼睛所以能看见东西，全靠自然界的物质世界中有光之存在。若是宇宙间没有光，则眼睛天然就丧失它的官能了。由此我们可以明白人们的有机物质的身体，这个小实在体（Smaller Reality）是永远在感觉、需要和寻求着自体以外的那个大实在体（Greater Reality）——大物体世界。我们都知道人类的生存，绝不是单来满足身体上、生理上的作用就算完事的，我们生活的大部分，是为我们的精神和心性所支配的。这一部分就叫作人们的人格或灵性（Personality or Soul）。我们已经明白人身上生理的肉体，不能离开它的较大的实在体——大物体的世界。同一道理，我们就可见觉得我们的人格或灵性，亦不能够没有它的大实在来做我们这小实在存在的根据。这就是伟大无量的人格，或上帝（Infinite Personality of God）……同他人们可以借爱做不断的交通、结极雄固的友谊。

这时候，钟先生问泰氏对人猿同祖说的真假有何见解。泰氏答谓：他认此问题殆专为生物学家所急欲解决的，不过无论人类曾与猿猴同祖或否，皆非他所特别关心的。因为他认为，不管人类先前经了多少或蛟龙狲猴的时期，我们现在总明白，我们已经到了这个人类的世界，我们就应当自己想求领导我们真美的生活就是了。

复次马君问他对于基督教中所谓罪恶（Sin）有何主义？泰氏答谓：基督教中所讲的罪恶，他不认为十分紧要。他对罪恶的观念，似乎很近佛家那平等看待众生、虽蚊蚁都禁杀害的慈悲，但他实在却认凡是能得爱的障魔，就算罪恶。除杀了这个罪恶，依旧是合于仁爱的举动，所以杀了一个猛虎不算有罪恶，因为猛虎是吃杀动物与人的野兽，是"爱"的大蟊贼，今除杀饯贼"爱"的怪物，当然不谓之罪恶。

"人们的生存在世，是不是特幸？"这问题为王君提起后，全座都带上笑脸，双目疾守着泰氏的仪容，急要一下把答案看出。泰氏微笑着稍停歇一下，乃以恺悌清爽的音调，畅谈人生之真美的享乐。意谓："他自己的确承认人生是一个大特幸。凡宇宙色相，万千奇幻，天然的美丽，都是供人自由赏尚，无代价的享乐。可惜人们常忘弃这许天然界的灿烂，而不见觉其宝贵。假使一旦太阳失落了，人们必定愿意出极重价去买回来它。你若说：'我的事情太忙，我要预备考几何、英文，没有功夫去享受。'那就似乎有点儿可怜。"

高君问泰氏对"自由"与"爱"之确凿的界说及其相互的关系，答复大意说：绝对的自由与绝对的爱，都是人们灵性对自己以外的实在而言，实际上爱是终极，而自由只是如方针一般，能够使爱的旅程平安达到宇宙美满的境遇罢了。

泰氏谈到这儿已经六时半了，同学恐他老人家太辛苦，大家就向他道谢并告别。

（录自《清华周刊》第 314 期，署名德，1924 年。）

希望中印两国人士共谋发扬东方文化

何雯：印度最近佛教及婆罗门教之状况？

泰戈尔：印人崇拜佛教，故近今婆罗门教所有之仪式，多已归纳于佛教之中。

何雯：印度九十六种外道，现尚存在否？

泰戈尔：派别甚多，不胜列举，然多皈依佛法也。

何雯：世界哲学，莫高博于佛理，中印两国人士，欲发扬东方文化，宜宣传佛教，为世界消除劫难，此意当否？

泰戈尔：此意极是，予深望世人倾向为善，互相亲爱，尊重道德和平，俾不致魔鬼以物质的实利主义，破坏我精神上之文明。且魔鬼之所为，实地狱之种子也。

黄攻素：素食究于吾人有益否？

泰戈尔：予在本土，曾素食二十五年，极能保养健康。后游美国，因种种不便，遂不恪守严格之素食。其实肉食极不洁净，每为败德致病之源，故素食实最所主张者也。

沈钧儒：此次来游北京之感想如何？

泰戈尔：前观纽约、伦敦、巴黎、加尔谷塔、上海等大都会，见皆提倡恶浊知识，人人以牟利为能事，建筑设备，尽物质上之工巧。殊不若北京之自然开化，花草树木，有天然之美观，予极表好感。盖予深望世人返璞归真，生活上力求节俭，重农作而不重工巧，应不为讲物质实利者所支配也。

张相文：我欲发展佛教，使向西方传布，益令东方文明真有价值，于意云何？

泰戈尔：予信真理为一，本无东方、西方之分，故尝劝印度佛教徒及学者努力向西方宣传教化。予所办之大学院，容纳十数国之士子，即灌输善的知识，振导和平。中印均为世界文明古国，颇望设法结合，一以谋精神教育之发展，一以谋农业生活之安全。有某君素研究农业，将来可请其来华，同时望中国学者，亦多往印度为幸。

何雯：一切科学，出于哲学。哲学固最精于印度之释迦牟尼，彼能解决宇宙中现在未来，又能救拔世人，使了生脱死。现在世界，魔鬼之力正盛，吾人应负救世之责，从事于感化与宣传，将来可组织一中印学会，互通声气，请问此法善否？

泰戈尔：予此次来华，本有斯意。希望中印两国人士为精神之结合，共谋发扬东方文化，实最欣祷。

（录自《泰戈尔关于佛教之谈话》，《申报》，1924年5月20日。1924年5月16日，泰戈尔与北京佛教讲习会会员谈话："北京佛教讲习会会员张相文、沈钧儒等前日往访泰戈尔氏，适有议员黄攻素、陈铭鉴、张树枬诸人亦在座，当由泰氏亲出接见，由徐志摩、邓高镜二人担任通议。"）

最后的一次集会像一度奢侈的落日

一九二四年五月二十八日告别辞

今天集会使我记起我初到中国那一天,也在这里园地上接受你们初次的款待。那时候我总是一个生客,我也不相识那天来欢迎我的诸君。我一向总是在我的心里踌躇究竟中国是否像我意想所构成的中国,我也踌躇究竟我能否深入这民族的心曲。那天我的心里很是不自在,因为在你们看来我是从一个神秘的地域来的,我又是负有一个过于浮夸的名誉,因此你们对于我的盼望也许不免有不切实在的地方。所以我急于告诉你们我的有限的资格,我记得我开始就供认给你们,我只仅仅是一个诗人。我知道你们曾经邀请过欧美诸邦的名人、大哲学家与大科学家,远渡重洋到你们的国里来讲学,现在我也来到你们的中间,我很惭愧我自己渺小,你们都是曾经亲听过他们的至理与名言。那天我真是深深地引愧,因为我觉得仿佛我是穿着一身乔装来收受你们款待的至意,也许你们并不曾认识我本来的面目。我不由得想起我自己的一篇戏里那个女子齐德拉,她是承受神的怜悯取得了一身美艳的变相,她原来并不是一个没有缺憾的妇人。但是等到她后来凭着这神异的幻象征服了她的爱人的恋情,她反而嫉恨她的温柔的化身,因为她所渴望的他的抚摩与交抱都被这借来的外壳掠去,剩下她的灵魂依旧在不满足的冷落中悲切。

今天是我在你们的国里最后的一天,如其你们还是准备着厚意的款待并且给我称誉的言词,我可以放心接受的了。因为我已经经过你们的考验,我想也并不曾缴还我的白卷,所以今天我到你们这里来,我满心热切地只想望你们的友爱与同情与赞美。这是你们披露你们真情谊的机会,好叫我永远记住,虽则我不能不向你们告别。这最后的一次集会,像一度奢侈的落日,大量地铺陈她储积着的异样的彩色。但是,话虽如此,我还不敢十分放心。在你们中间有跟着我此次巡游的,他们最亲切地知道我的成绩,还不曾开口说话。

方才说话的那位主人赞扬我的成绩,他自从我们初次会面以后一直病困在家里。他不曾有机会接近我,因此他关于我的想象,我不敢过分地深信。因此我还是等着要听还有几位朋友的意见,他们这一次不幸地须得伴着我起居与行旅,他们应得认识我的浅深。同时有一件事情我可以对你们说,初来的时候我也有我的盼望。在年轻时便揣想中国是如何的景象,那是我念《天方夜谭》时想象中的中国,此后那风流富丽的天朝竟变了我的梦乡;早几年我到日本时我又得到了这古文明的一瞥。因为在那边款待我的主人有大宗中国名画的收藏都是珍异的神品。我在他那里住着的时候,他常常一件一件取出来饱我的眼福,我也凭借他的指导认识了不少名家的杰作。因此我又在你们往时大艺术家的作品里取得了我的中国概念。

我心里时常存想,你们是一个伟大的民族,你们创造了一个美的世界,我以为却是你们灵魂的表现。我记得我总觉得难受,每次我看着不甚尊敬你们的那些人,他们的心是无情的、冷酷的,他们来到你们中间任意地侵略、剥削与摧残,他们忘怀你们文化的贡献,也不会注意你们伟大的艺术。当然你们也知道你们已往的历史所凝成的纯晶,不仅是真的美的,并且是神灵的,并不代表你们人民的完全的生活。虽则我同时亦深信只有从最完美的表现中我们可以看出现实的最真切

黎明觉醒

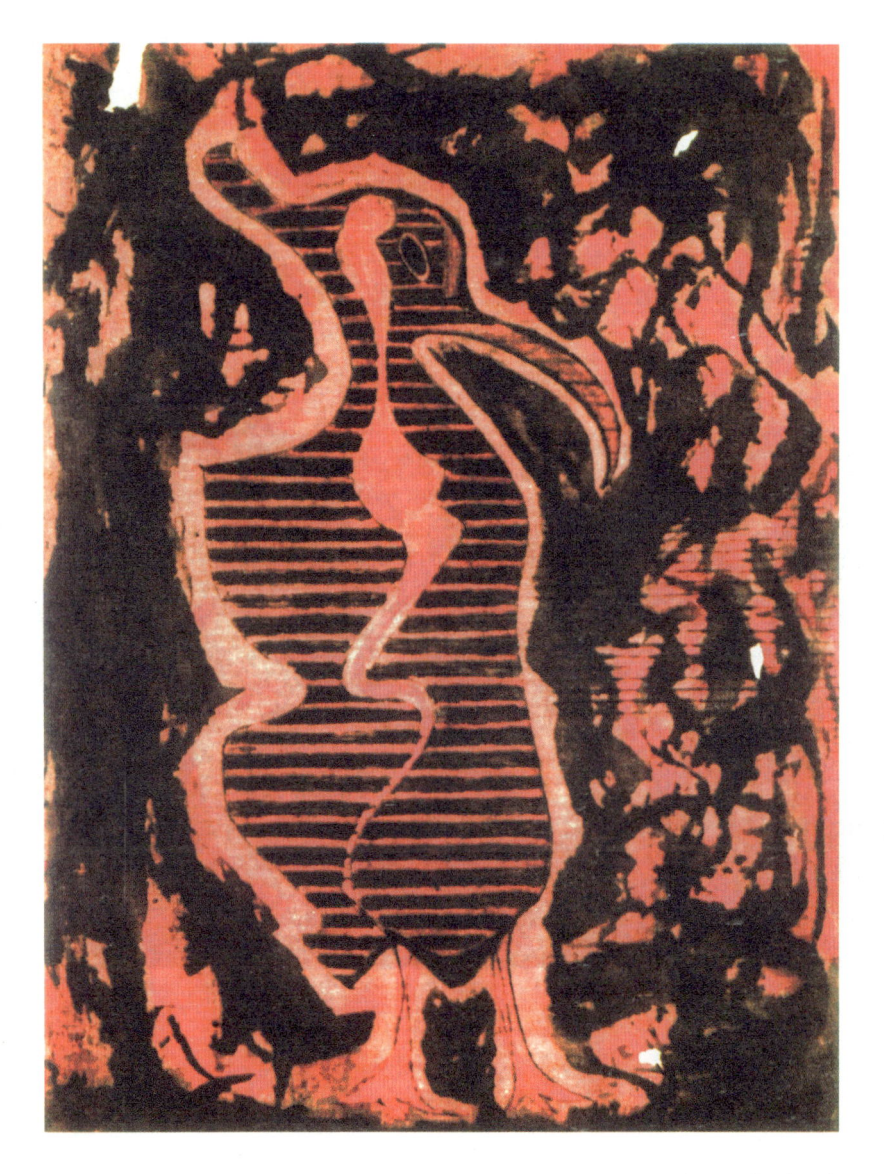

泰戈尔《神鸟图》

泰戈尔《山水风景》

黎明觉醒

泰戈尔《田野风光》

泰戈尔《骆驼图像》

的一斑,但理想与现实是应得放在一起看的,我们不能偏注一面。至于我此番的游历,我不能不说在简短的时期内要盼望一个像我这样的陌生人能够发现一民族最内在的真实不是容易的事情,将来也许有那一天,但绝不是此次可以得到的。要明白一民族潜在的力量与天才怎样能逐渐地发展到最完美的状态那是千百年的事,我既没有时间也没有适当的机会,因此我不敢想望有多大的了解。我只感觉到一件事情,我此次在你们的国内体会着的外国人也都有的感想。你们是近人情的。我也觉着你们人情的感动。因为我已经,至少我希冀我已经接近你们的心曲。我自己的心里不仅是充满羡慕与惊讶,但有的是真挚的情感,尤其是曾经与我有过亲密的交接的,我不由得不爱他们。这一点个人间情感的契合便不是随便可以做到的事。

有人说你们有一个特性,就是你们从来不曲解事物的本相,是什么只当是什么看待。譬如你们看重一件东西或是一个人,你们看重他不是因为他在本身以外另有什么连带的价值,但只为是他那赤裸的现实放在你的跟前要求你的注意。也许就为你们有那个特性,所以你们这一晌也只把我当作一个寻常的人看待,不当作一个诗人,更不如有的傻子以为是哲学家,尤其不如有的更傻的傻子以为我是圣人或是先觉,你们只把我看作一个干干净净的个人。有几个我新结识的小朋友对我差不多绝对地不存拘束,只当我是和他们一般年纪,不见得怎样理会我的高年,也不过分尊敬我的声名。这样的健忘本应得使我着实地懊恼,但在他们却是充分的自然,因之我也不觉得有什么差池。实际上他们对待我的情形常常没有丝毫的尊敬,我却是很感谢他们的随熟与失礼。世上人多的是想把我供作偶像,剥夺我现实的人情与接触。我想上帝也一定着恼为人们把日常的情爱分给了他们的家人与同伴,留剩给他的却只是在教堂里每星期的礼拜。我所以很喜欢我的年轻的朋友不曾把我当作偶像礼拜，他们只把我看作他们伙伴中的一个，使我得沾润他们活泼的人情。

但是你们要我在离开以前给你们不掩讳的批评，我绝对地拒绝你们的请求。批评家随处都有，你们不怕缺乏，我却是不愿意加入于他们的品级。他们曾经听受过你们的批评，谁不会批评？我却自喜我没有那样的挑剔的天才。我自己也是近人情的，我自然可以体谅你们的短处，你们即使不免缺陷，我还是一样地爱你们。现在世上有的是成功的民族，在他们的跟前我是什么样的人敢来妄肆批评？彼此同是受嘲讽的民族，我们有的是不受人尊敬与赞许的德性。我们正应得做朋友，我没有批评给你们，所以请你们对我亦不必过于苛责。其实我此时已经不免心慌。有一天你们青年的批评家在我的面前不容情地指摘他们曾经请来讲学的几位，我那时就觉得兆头不好，我就急急地问他们将来是否预备给我同等的待遇。我始终不曾放心，我此时也不说我心里的话。我只希冀他们不会那样的忍心。我从不会装作过一个哲学家的身份，因此我想我不必着急。假如我曾经置身在崇高的台座上，他们竟许会把我倒拉下来，闪破我的脊梁，但我幸而不曾有过那样的狂妄，我只是在同一的平地上站着，因此我盼望我可以幸免于难。今天我最后分手的一天才是你们真正接受我的一天。我上次在此地时你们给我的欢迎只是借给我的信用，我盼望我曾经付过的代价叫你们满意。但如你们以为我不曾付清你们事前的期望，不要责备我，你们只能抱怨你们自己的糊涂。你们当初便不应得那样的慷慨，不应得滥施你们的奖宠。

我敢说我已经尽了我的可能的名分，我结识了不少的朋友，在我们中间已经发生了一种情谊的关系。我并不曾妄想过分的了解，我也只接受你们来意的至诚，如今我快走了，我带走的也就只这一层友谊的记忆。但同时我亦不须自为掩讳我的不幸的命运从我的本土跟着我来到异乡。我的部分并不完全是同情的阳光。

从天际辽远的角下不时有怒云咆哮的作响。你们一部分的国人曾经担着忧心,怕我从印度带来提倡精神生活的传染毒症,怕我摇动你们崇拜金钱与物质主义的强悍的信仰。我现在可以吩咐曾经担忧的诸君,我是绝对地不曾存心与他们作对;我没有力量来阻止他们健旺与进步的前程,我没有本领可以阻止人们奔赴贸利的闹市。我可以吩咐他们我并且不曾折服一个怀疑者使他颖悟他的灵魂的实在,我不曾使他信服道德的美的价值是高于物质的热力。我敢说他们明白了结果以后一定会得赦免我的。

徐志摩附述:

那天下午听着老翁这篇告别辞的诸君,也许还记得他说话时的声调与他须眉间异样的笑容。他的声调我记得是和缓中带踌躇,仿佛是他不能畅快地倾吐他的积愫,但他又不能不婉转地烘托出他的不完全愉快的款曲与感念;他的笑容,除非我是神经过敏,不仅有勉强的痕迹,有时看来真是眼泪的替身。"我的不幸的命运从我的本土跟着我来到异乡。我的部分并不完全是同情的阳光"这话是称过分量说出来的,就这一点不说分明、不说尽,这里面便含着无限的酸楚、无限的愤懑,我当时真觉得替他难受。"现在世上有的是胜利的民族,在他们的跟前我是什么人敢来妄肆批评?彼此同是受嘲讽的民族,我们有的是不受人尊敬与赞许的德性。我们正应得做朋友。"这一段话,且不论他反激得动人,我正不知这里面的成分是泪还是血,你们听了应得傲慢还是惭愧?

  O Sun, rise upon the bleeding hearts blossoming in flowers of the morning, and the torchlight revelry of pride shrunden to ashes.

  ——from Thanksgiving

太阳呀,升起来朗照着流血的心开作清晨的鲜花,你也照出傲慢的火炬的夜宴萎成了灰烬。

这一篇最好是与他到中国第一次的谈话一起读,碰巧都在同一的园地上讲的,两次都在场的人也应该比较他先后不同的语调与神态。先一次是暮春天气最浩爽的一个下午,后一次是将近梅雨期云低气滞的一个黄昏。有心的读者应该明白在这四十日间是诗人受了中国的试验,还是中国受了诗人的审判,他现在已经远去了,他留给我们的记忆不久也会得消淡,什么都不免过去;云影掠过了,波心里依旧是不沾印踪。也许有人盼望天光完全隐匿,那时任凭飞鸟也好,飞云也好,我们黑沉沉的水面上连影子都可以不生痕迹!

(原载《小说月报》,第15卷第8号,1924年8月10日。)

悠悠此心

永恒的泰戈尔

他的特异的祈祷、他的创造的新声、他的甜蜜的恋歌,一切都如清晨的曙光,照耀于灰暗的旧的诗歌的国里,使读之者激起新的激动与新的愉快。

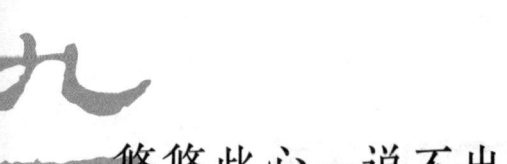

悠悠此心，说不出的幽咽

王统照

十六日在杭州时，志摩记念着他的母亲，回硖石去了，菊农又到别处去了，剩了我一个人，陪着这三位印度学者及英人恩厚之往游灵隐。由西湖饭店出来，沿着湖滨，直向西去。下午的暖气，如饮着醇醴，如披了葱绿面幕的绕湖群山，都微睇着来迎这几位远道的新客！迎面所见的挂了香箔的人力车，载着缟淡衣裙的妇女，或是在藤轿上搭着黄袱的老太太。我们坐在人力车上，彼此笑谈着，我并且指点着群峰的名字说给他们听。但是我对着青山，俯抱着如谷泛的如油泼的湖水，嗅着道旁草木幽香，心里却另有所想：记得那年来时是西湖的夏日，如今的景物，却比那年更令人感念。

及至到灵隐的寺外，只有乡村式的小店铺，茅草搭盖的小茅屋，所有的欧式的华楼别墅，全看不见了。鲍司及诺格都点头道："我们喜欢这个地方。"他们很感兴味似的！我说这些地方可以表示出中国乡村生活的一小部分的。

我本想到了灵隐以后，去静听中冷泉的水声，再去往北高峰韬光寺顶上去俯览翠竹，哪知一入了飞来峰，这三位印度学者同恩厚之先生，如到了宝山似的，正在那里口讲指画地研究了一点多钟。飞来峰上的佛像，都被他们切实地研究与考查了：哪一座是与印度的模式一样，哪一座是中国改雕的，他们手中所持的器具，手掌是如何地安置，都加以证明。鲍司先生当时连写了几张最好的佛像,颠顿于飞来峰下的水泥之中;又时时考问我,直至出来以后,已是四点多钟了!他们都很感无味,我呢?很自惭于佛像上少有研究,一心只记挂着灵隐后面上韬光寺斜径上两旁翠竹中的鸣禽;但是其结果我终于未得去偿我心愿。

灵隐寺内春日的道场,却分外有趣,有一家为安死人之灵的道场,在寺内东偏的小客堂内。堂内举行此典礼:呗、铙、钹、鼓,乱鸣在一起;一群穿了红色袈裟的僧众,分立两行,正在读那经咒;我们也趁便过去参观。三位印度学者还在静听,大约他们在那里去听僧众们所读的经词里的译语。及至火纸在龛内焚烧了,我们出来时,看见一位较为年老的僧人,沈先生与他谈了几句,我当着传语的;他们问他在此的情形,与印度人以前有到灵隐来过否的诸种话。那僧人看他们是印度人,也分外亲近。我由此感到思想上彼此关联的重要;因为他对英美人,恐怕不是如此。

后来一个题目,令我费了半晌的事,就是沈先生忽然要找慧理禅师的坟去吊望一次。灵隐我虽到过,却没曾知道哪个地方是慧理的焚骨处;后来找到一个二十多岁僧人,他方引导着我们到飞来峰的北面,找到一个小小的石塔,我看看上面镌着理公之墓,我知道这就是了!他们又一一地将上面所刻的中国字,要我说与他们听;尤有趣味的,那少年僧人,仿佛很要同他们谈道似的!因为我告诉他说,他们都研究婆罗门教义,他便说婆罗门是小乘,佛教是大乘;我也不与分辩什么,只是微笑了!但那位好研究的沈先生非问我他说的话不可,我就一一地告诉了他,沈先生道他不懂印度的宗教史,我笑了!我想这还幸而是西湖灵隐的和尚呢!

将近黄昏时,我们又到清涟寺去看玉泉的池鱼,拨剌的鳞影、清漪的水波,静到极处,也使我们的灵魂安闲到极处。我在那时记起去秋志摩从西湖寄我的信上说"近同适之在西湖,本想译点东西;但撩了的秋色,却译不成了!怪不得天下有殉情的傻瓜"等话。所以沉醉者是最有力量的!对于心爱的人,对于学说的崇奉,对于自然的遗忘一切,这等不知所以然的势力,实是造成世界上所有的诸种"傻瓜"的一种要素!像我们自知是不聪明者,即使吃了"智果",也还是免不掉"傻瓜"的行径。往往将自己所有的情绪、思想,为对象夺去。没有便宜事可以做去,偶然一点浮萍在水面荡漾,也要关心;偶然看了一个蝼蚁,也要联想到无谓的事上去。有时自己寻思起来,也自觉有趣。

这一晚上我们回来之后,泰翁与几位印度学者早早地安息了,因为我同菊农约好,夜中同他去逛湖去。天色渐渐阴沉,饭后竟然丝丝地落起雨来,他们都安歇了,饭店中的声音也静寂了好多。在楼栏上望着湖中,有时一星两星的灯火,从暗影中逗射出来,只听到雨点滴在敷沙的道上作响。我写过几封信之后,待菊农还不来,只得斜倚着临湖的楼栏沉思。

一只最小的游艇从岸边解缆下去,飞飘的雨丝中,微挟着春夜的冷意。湖水在岸边尚反映出浓绿的颜色;乃至我们的船"放乎中流"的时候,湖水便同深墨了!这时已近中夜,雨虽落得不大,可还是点点滴滴地在船篷上作响!满湖里已没有一点灯火,我同菊农分坐在小的木桌两旁,除却舟子以外,船上只有一壶龙井茶及葡萄酒与一大盒酸制的嘉应子了!漾着的小艇、漾着的心情,漾着的我们两个浮泛的生命,在这个春雨之夜的朦胧的幕下,远了!渐渐地远了!模糊地远了!从来处的电光楼台及时有喧哗的人语,都似秋江夜泊的隔林渔火若有若无。本来不想到任何去处的，随着它浮泛去吧！只检深暗幽秘去藏此舟。经过锁澜桥离去了白堤的暗影。桨声与船头船尾触着的水波相互作响，静极的微声，似我们的灵魂在背后小语。泛到湖心亭外，几行烟柳，都在沉睡；暗影中的亭子，也被上黑色的睡衣；只有小犬的吠声来欢迎我们这一只孤另另的游艇。这时菊农与我有意无意地谈着中国的诗歌，泰翁此来的印象，又随意地唱着不成韵的英文诗。然而大部分却被此当前的夜之魔力，将我们的心意时时锁在沉默的门里。虽是云遮月的天色，然而四围的风景，都看不分明，连那最高的宝俶塔，也同夜云合在一起，无从看得到。舟子与我们谈着，距湖心亭不远的一个土墩，陈述着妖异的传说，他说："这个墩子，向来有奇迹的！所以没人敢来此建筑房子——若是也同其他地方的时候，早也成了繁华地了；如今只有些垂柳野蔓，住在上面呢！"我想可惜西湖的奇迹太少了！只索将天然的美人，加上桎梏，刻画，不能保存她那香谷佳人的特色，任凭人类的欺侮。菊农忽然说这墩上的蛇一定很多；但我用手杖从船上去拨乱了许多草石，却没有可爱的蛇露出头来。

沉沉地想了，淡淡地忘了，泛泛地遇合了，匆匆地离去了。我自己也不能分析在此时、此地，什么是情感之瞬间的要素？只是向无尽的、神异的太空中望着。雨点被风吹斜，掠过面部，流到湖水中，似乎有点东西赠与我这片空空洞洞的心。实则心中何尝是空空洞洞？已经饱吸过了，容纳不了，而泛溢出了些东西，看不见的，说不出的。轻微一点说，就是如同从太空中斜掠下的雨点的轻清而润湿，如远远的空山里的绝钟清响，从林木中湖波上连续着震颤着传来。

"算天长地久，有有时尽，奈何绵绵……"这几句旧词正是我在这时感到而说不出所以然的意味。可怜！我们胸中的宇宙太小隘了，太局促了，不能够"洗尘襟，着得乾坤大"，不能够"霁月光风"，随在见出"天君泰然"的态度,又不能有"聊一笑吊千古"的豪爽;只觉得在静夜的雨声,凄凄的游艇上满载着这样绵绵的、重重的幽感沉到中心的深处。只觉得从夜色朦胧中迷了归路,垂柳中如织成的轻烟,柔嫩的湖波上,吞吐着的雨泪,四围的景色,都似低头无语。而我也觉得沉醉了!纵然有夜犬的吠声,静中的钟韵,也似分外增加我岑寂的游情,不曾有何等清醒的激动。

到底这夜中梦境如何?也是迷离的雨夜中的湖色一样,看不清了!说不出了!

二十日的夜月,与诗人的歌声,至今令我忆及。我们固然不能忘却此痛苦烦扰之人生;但同时我们也醉心于自然的妙景!那吴淞口外的落照,长江西岸的水村、断港,已是令人深有所感。然而当轮船过镇江后,烂银的皎月,映在江心成一团明波,翻腾在船舷左右,几片白云相映着圆月的靓妆,使得满船上的人们,都不能安眠。泰翁及其弟子们,英人恩厚之,我同志摩,都在甲板上坐着。先由恩厚之君唱着 love song,泰翁也异常的高兴,拊掌相和;他们又互相唱着印度的歌曲,在月白风清的大江中流,这几位新来的宾客,在此几日中,可谓是最愉快的时候。本来月夜的江水,微风如碎,波光如睡,确有令人愉快的可能;但是我在甲板上,坐了一会,忽然有种邈远的寻思,打上心来,顿时感得孤独而冥漠。本来此时,此地又得饱听此伟大诗人的歌声,已属难得的良机,为什么教我的心,想到别的事上去?但个人的思想有时为对象所移动,有时却又因对象而联想到心灵秘处的感想。"对酒当歌",何为有"人生几何"之思?"月晓风清",何为而"断肠凝伫"?人的思想,本属繁复的、错杂的,有什么规度可以遵循!月的流光水声的澎湃,玩爽而深沉的诗人歌声;有的不去感觉,有的因官感而生欢绪,有的却因此诸种类合的感觉,而生凄然与悠然之思；我自己断定我在那一时中，只觉得感动，即是属于后一种的！"在我的此世界中，一切皆由心造，斯歌、斯咏、斯陶、斯舞，以及颠倒、妄想、贪、嗔、痴、慧，皆是自我为出发点！……由此可知有我乃有世界，无我则世界或即至于毁灭消止"这些话，还是我在去年为《小说月报》作泰戈尔号时的论文写的。实在自我的力量伟大！神秘！即使人家如何地批驳，我终认为不可思议。哪里是我们心灵的住处？只有在模糊的梦境中，我们暂时所感触及的，忽然而喜，忽然而悲，又有何等固定的准则？悲极则微笑，大悦而泪流，似乎是不成话说，而在此中，已涵有无量的灵魂的生之跃动的真诚表现！泰氏以一位思想超绝而想用爱的伟力作世界之主要联合的诗人，他对景当歌，自是抒发他那小孩子的欢慰的诚心；然而听者的感动，万不能相同，所以我一面看着月色，听着他的歌声，而悠悠此心，更感到一种说不出的幽咽！直到中夜以后归卧舱中，还仿佛有种低低的声音告我："孩子！安眠吧！沉眠的梦境，或者还安静些！"但我终不能解释我那一夜的心思。

（录自《文学旬刊》第34号，1924年5月8日。）

一瞻风采以为快

董凤鸣

伏园兄：

曾忆旧腊那天晚上，正当冷风刺骨、飞尘扑面的时候，我们在东安市场门口匆匆握别。临别时我们还说着以后通信，不觉这样已经迁延过了三个月了，大概你都很好吧？我这次在家勾留了两个月，我同我的母亲和弟妹等，足足地享受了两个月的天伦之乐。

因为种种的关系，我不得不与可爱的家庭暂相离别。我由浙西沿途搭船漂泊到杭州，在桐江船上逆风坠江，几遭灭顶，幸得上帝眷佑未死。我在上海勾留了数天，本拟干事半年，但因生活程度太高，得不偿失，故由海上复漂泊到南京。我现暂在东南，研究清华高三同样功课，东南教授多半很肯为学问研究，办事职员亦颇热心尽责。我由闭塞的家乡出来，远途饱受流离的滋味，一旦得与课堂、图书馆相接迎，眼见东南到处呈现一种蓬勃的生气，我的无所归依的灵魂，似乎稍得寄托。

我现在暂将个人私事丢开不提，趁这封信的机会，把东南欢迎泰戈尔的情形略述一些给你副刊上多添点材料。今天是泰戈尔游宁的日期，郭校长也顺便邀请这位老诗翁来光临东大，而且约定下午三点钟在体育馆演讲。今天上午八九点钟的时候，这位六十四岁的老诗翁与他同行的人们已坐了两辆机器所制造的汽车光临东大了。他略微参观了一遭，复出校往附近一带的名胜之处去游览，玩到下午一点钟，那两辆机器所制造的汽车复往东大校园的西北角开去。一直到达了一个充满了花香鸟语的"梅庵"才下车，他同三四位印人以及东大几位招待的教职员们都在"梅庵"同吃午饭。他们吃饭的时候，一时门前窗外拥肩挤足伺隙张望的男女学生不知道多少。

老诗人吃过午饭之后，便一人独自缓步走到一个孤亭上面去默坐。他辞谢了一切陪同谈话的人们，大约默坐了三十分钟的光景。我们这一班小孩子们都在花丛藤架下坐着、站着，远远地对着这位慈祥和蔼的老诗翁的面颜很奇异地望着。等了一会，老诗翁缓步踏下亭阶，走到我们树荫花丛之旁来同我们谈话。他先用英文开口问我们有什么话要同他说吗？因此便有几个人提出好几件有趣味的谈料同他讲。他问我说："我很不愿意有人把我当作一位有名的人物看待，抬我到讲台上去作公众的演讲。我素来喜欢在露天的花间树下，像现在情景一样，同你们这般可爱的少年混在一起，随便提出什么谈话的资料，随便问，随便答，这样更有趣味。"我说："泰戈尔先生，你这个意思我早已懂得，几年前我就懂得了，因为有一次我在图书馆找到一本你的传记，好像讲到你办了一个露天学校，在贵国印度，是真的吗？"他很高兴地答我道："是的！是的！"我笑着说："我们看见你有这样洁白可爱的须发，我们都不知道你的年纪多少，你可以告诉我们吗？"他说："我很不愿意说出我的年纪，因为一个人的老少不能拿年纪来做标准的。我的心刻刻同你们少年人一样，所以我长久是一个少年人，我喜欢同少年人玩在一起，我喜欢使我自己长久做一个少年人……"说到这里，他又笑着问我说："你既问我，我不得不告诉你，我的年纪已六十四岁了，但是你千万不要猜想我是一个老年人呀！"说着，他也笑，我也笑，大家听见都笑了。

他正要想说别的话，东大几位招待职员以及陪伴同来的人都来催他去演讲，催了一次、两次，他还是留恋着我们，露出依依不舍的样子。最后，他不客气地开口，向那班前来催促的自命"大人"们说："我喜欢同少年人说话，你们为什么不让我同少年人在一起？你们为什么硬要我同少年人分离开？"他们那一班"大人"们想拥戴这位老诗人以为奇货的，都一个一个地碰了钉子，他们只好笑着脸，没有话回答。

老诗人走进体育馆楼上的时候，所有男男女女，人山人海，座位占地，均无空隙，甚至有些校外农夫、工夫也来观看热闹。其实参与演讲的座下客中多半都不懂得英文说话，亦不过一瞻风采以为快而已。正当老诗人讲得痛快淋漓的时候，忽然砰砰一声，楼上横板因载人过重，几乎圮坍，同时台上须发黄白的讲者与远道来临的座下听众都吃了一个大惊。演讲将完的时候，座下听众还接着了好些反对太戈尔演讲的传单。等到翻译完毕散会退场，已将近下午五点钟了。

以一个爱好自然风味的老诗翁，我们硬要把他拉拉扯扯送到一个人众嚣杂、空气龌龊的旧戏园式的体育馆的讲台上，使他去嘶声竭力地献技，使他足足地受了两点多钟吃碳酸的痛苦，未免有一点太违背东道主的相当敬礼吧！

总之，太戈尔是一位诗人，他自己也是以一位诗人自居，并没有什么其他逾分的和僭越的野心。他来到中国，也纯然为游历而游历，并无什么其他宣传的意味。他的人格、他的作品、他的思想以及他的学问，在世界上的伟大人物之中，早已占有相当的地位和相当的景仰。在他自己，一方面，他并不盼望中国人来抬轿，他也不盼望中国人来反对。在我们自己一方面呢，我们对于这位老诗翁的人格应该有相当的敬爱，对于他的理想应该有相当的鉴赏。而且以东道主的资格，我们对他更应该有相当的招待和礼仪。倘然有一帮玄学鬼要想利用这位老诗翁来华做他们的护身符,那便侮辱了泰戈尔了。倘然有一班青年为了反对那些利用泰戈尔的玄学鬼而反对及泰戈尔的自身,那更是侮辱了泰戈尔了。

  我写这封信的时候,遥想泰戈尔早已驾临了污臭的北京城里,早已坐在外国贩来的汽车里,在污臭的北京街道中间乱跑,同在南京一样。向学校里一般青年们面前演讲,也同在南京一样,或许更厉害些,招引出许多青年们的误解,以及如雪片般的反对的传单。顾虑到这里,使我遥遥地为了这位老诗翁抱着无限的莫可申诉的冤屈!我忙得要死,又要读书又要工作,不得不就此结束。夜深了,祝你晚安!

小弟董凤鸣
四月二十日,晚,十二时半

(录自《晨报副镌》,1924年4月26日第3版。)

东方的文明将于忍耐的黑暗之中显出他的清晨

记者

我们所日日盼望他来华的印度诗哲泰戈尔先生，已于四月十二日清晨，由黄浦江畔的汇山码头登上中国的陆地了！虽然我们于去年九十月间，已表白过我们的恳挚的、热烈的欢迎之意，但当我们看见他立在渐渐近岸的热田丸的甲板上，穿着棕色布的长袍，戴着红色的柔帽，白发微微地拂动，向欢迎的群众、向中华的国土，双手合十为礼时，当我们走上了船，而见他颈上戴上了居留于上海的印度人奉献给他的花环，脸上表现出十二分的慈祥的同情的神情，静寂地在听着围坐于他四周的新闻记者及其他欢迎者的问话，时时以舒缓的带着诗意的语声去回答他们时且说着很隽趣的话，飘然地和着大家笑着时，当他在一群坐在新绿的草地上的、狂热地欢迎他的青年中，艳美的桃花与杜鹃花如屏地列在他的背后，徐徐地从红色的椅上立起来，做他第一次的公开的恳挚的谈话时，他的伟大的人格、他的博大的人道的精神、他的热切的同情的表白、他的带着魔力的语声，把我们紧紧地压迫着，使我们见到自己的"小"，感受到一种莫可言状的感动，使我们不得不再对他表白我们的恳切的欢迎词。

他在世界文学上的贡献，他在中国现在的文坛的影响，是我们所已十分知道的。他的特异的祈祷、他的创造的新声、他的甜蜜的恋歌，一切都如清晨的曙光，照耀于灰暗的旧的诗歌的国里，使读之者激起新的激动与新的愉快。

他在哲学上与在教育上的贡献，也有许多人在中国的报纸上已经说过的。他的理想是东方的理想，能使我们超出于现代的物质的以及其他种种的束缚，他勇敢地发扬东方的文明、东方的精神，以反抗西方的物质的、现实的、商贾的文明与精神。他预言一个静默的、美丽的夜天，将覆盖于现在的扰乱的世界的白昼，他预言国家的自私的心将死去，而东方的文明将于忍耐的黑暗之中，显出他的清晨，乳白而且静寂。

他是反对战争的，反对自由的压迫者的，他实在是现代最伟大的反抗者之一。他在彭加尔文学上，曾把固有的彭加尔的诗的韵律破坏了。在教育上、哲学上，也都显出他的反抗的精神。他曾热烈地从事过爱国运动，他曾唱过为印度的爱国主义者最好的安慰的歌。

"如果没有人响应你的呼声，那么你独自地走去吧；如果大家都害怕，没有人愿和你说话，那么你这不幸者呀，且对你自己诉说你的忧愁吧；如果你在荒野中走，而大家都蹂躏你、反对你，且不要去理会他们；你尽管踏在荆棘上，以你自己的血洗你的脚，径自走呀；如果在风雨之后，你仍旧找不到人替你提灯，而他们仍旧闭了门不容你，请不要在意。颠沛艰苦的爱国（者）呀，你且从你的胸旁取出一根肋骨，用电的火将它点亮了，然后跟随了那光明，跟随着那光明呀。"

他的心是热烈的，他的血是涌沸着的，他无时无刻不反抗他的祖国的统治者，不过他的反抗，不主张用暴力来实行而已。但有许多激烈的青年竟因此误会了他——中国也有一部分的青年是如此——以为他是冷淡的，是怯弱的。其实，泰戈尔先生与他们目的是一样的，所走的方向是相同的，所异者不过他是走的另一条街巷而已。

他是充满了希望的，他是歌颂生命的，他宣言人间春日的永在，他宣言人类的觉醒的合作的时期之已到。我们听闻了他的宣言，他的恳热的宣言，我们便不由得如与方在生长的花树、方在染绿的山野，同在生长，心上充满了生意，充满了春气，充满了希望。它使我们感觉人类的前途是伟大的、有望的，它使我们感觉人生是愉乐的，不是痛苦的。他实是我们的一个人生的旅程上的伟大的鼓励者。

我们现在仅对这样伟大者的一个文学家、教育家、哲学家、反抗者，人类向前的鼓励者与指导者的泰戈尔先生，以及与他同来的诸君，表示恳挚的、热切的欢迎之意。

（录自《小说月报》，第15卷第4号，1924年）

当我们往来最亲密的时候

为欢迎泰谷尔在师范大学讲演

梁启超

诸君：印度诗哲泰谷尔先生来了，不久便要和我们学界几万青年相见，我今天和明天两次公开讲演，要把我们欢迎他的意思先说说。

讲演之前，要先声明几句话：凡伟大人物，方面总是很多的，所谓"七色摩尼，各人有各人看法"。诸君总知道，我是好研究历史的人，我是对于佛教有信仰的人。俗语说得好："三句话离不了本行。"我今天所说，只是历史家或佛学家的个人感想，原不能算是忠实介绍泰谷尔，尤不能代表全国各部分人的欢迎心理，但我想一定有很多人和我同感的。

泰谷尔也曾几次到过欧洲、美国、日本，到处受很盛大的欢迎。这回到中国，恐怕是他全生涯中游历外国的最末一次了。看前天在前门车站下车时的景况，我敢说，我们欢迎外宾，从来没有过这样子热烈而诚恳的。我要问问，我们是把他当一位偶像来崇拜他不是？不——不——无意识的崇拜偶像，是欧美社会最普通现象，我们却还没有这种时髦的习惯。我想，欢迎他的人，一定各有各的意义。各种意义中，也许有一部分和欧美人相同，内中却有一个特殊的意义，是因为他从我们最亲爱的兄弟之邦——印度来。

"兄弟之邦"这句话，并不是我对于来宾敷衍门面，这是历史告诉我们的。我们中国在几千年前,不能够像地中海周围各民族享有交通的天惠,我们躲在东亚一隅,和世界各文化民族不相闻问。东南大海海岛上都是狉狉獉獉的人——对岸的美洲,五百年前也是如此。西北是一帮一帮的犷悍蛮族,只会威吓我们、蹂躏我们,却不能帮助我们一点。可怜我们这点小小文化,都是我们祖宗在重门深闭中铢积寸累地创造出来的,所以我们文化的本质,是非常之单调、非常之保守的,也是吃了这种环境的大亏。

我们西南方却有一个极伟大的文化民族,是印度。他和我们从地位上看,从性格上看,正是孪生的弟兄两个。咱们哥儿俩,在现在许多文化民族没有开始活动以前,已经对于全人类应解决的问题着实研究,已经替全人类做了许多应做的事业。印度尤其走在我们前头,他的确是我们的老哥哥,我们是他的小弟弟。最可恨上帝不作美,用一片无情的大沙漠和两重冷酷的雪山隔断我们往来,令我们几千年不得见面。一直到距今两千年前光景,我们才渐渐地知道有怎么一位好哥哥在世界上头。

印度和中国什么时候开始交通呢?据他们的历史,阿育王曾派许多人到东方传佛教,也许其中有一队曾到过中国?我们的传说,秦始皇时已经有十几位印度人到过长安,被始皇下狱处死了(王子年《拾遗记》说的)。始皇和阿育同时,这事也许是真?但这种半神话的故事,我们且搁在一边。我们历史家敢保证的是:基督教纪元第一个世纪,咱们哥儿俩确已开始往来。自从汉永平十年至唐贞元五年(西纪六七至七八九)约八百年间,印度大学者到中国的共二十四人,加上罽宾(即北印度之Kashmir,今译克什米尔,唐译迦湿弥罗,从前不认为是印度之一部分)来的十三人,合共三十七人。此外,从葱岭东西的西域各国来者还不计。我们的先辈到印度留学者,从西晋到唐(二六五至七九〇)共一百八十七人,有姓名可考的一百〇五人。双方往来人物中最著名者:他们来的有鸠摩罗什,有佛陀跋陀罗,即觉贤,有拘那陀罗,即真谛。我们去的有法显,有玄奘,有义净。在那七八百年中间,咱们哥儿俩事实上真成一家人,保持我们极甜蜜的爱情。

诸君呵,我们近年来不是又和许多"所谓文化民族"往来吗?他们为看上了我们的土地来!他们为看上了我们的钱来!他们拿染着鲜血的炮弹来做见面礼!他们拿机器——夺了他们良民职业的机器——工厂所出的货物来吸我们膏血!我们哥儿俩从前的往来却不是如此,我们为的是宇宙真理,我们为的是人类应做的事业。我们感觉着有合作的必要,我们中国人尤其感觉有受老哥哥印度人指导的必要,我们彼此都没有一毫自私自利的动机。

当我们往来最亲密的时候,可惜小兄弟年纪幼稚,不曾有多少礼物孝敬哥哥,却是老哥哥给我们那份贵重礼物,真叫我们永世不能忘记!

他给我们什么呢?

(一)教给我们知道有绝对的自由 脱离一切遗传习惯及时代思潮所束缚的根本心灵自由,不为物质生活奴隶的精神自由,总括一句:不是对他人的压制束缚而得解放的自由,乃是自己解放自己"得大解脱""得大自在""得大无畏"的绝对自由。

(二)教给我们知道有绝对的爱 对于一切众生不妒、不恚、不厌、不憎、不诤的纯爱,对于愚人或恶人悲悯同情的挚爱,体认出众生和我不可分离、"冤亲平等""物我一如"的绝对爱。

这份大礼的结晶体,就是一部《大藏经》。《大藏经》七千卷、一言以蔽之曰:"悲智双修。"教我们从智慧上求得绝对的自由,教我们从悲悯上求得绝对的爱。

这份大礼物已经够我们享用了,我们慈爱的老哥哥犹以为未足,还把许多副礼物——文学、美术等送给我们。

我们得着这些副礼物的方法,约有以下几个来源:

一、从西域——即葱岭内外各国间接传来。

二、印度人来中国随带着来,如各梵僧大率都带有雕刻、绘画等物作为贡品。

三、中国人游历印度的归赆,例如《玄奘传》详记他带回来的东西,除梵夹经卷外,各种美术品都有。

四、从翻译经典上附带得来的智识和技术。

这些副礼物,屈指数来,最重要者有十二件:

(一)音乐 音乐大抵从西域间接传来的居多。中国古乐,我们想来是很好的,但南北朝以后,逐渐散失,在江南或者还存一部分,中原地方,却全受西方传来的新音乐影响。隋唐承北朝之统,混一区宇,故此后音乐全衍北方系统。最盛行的音乐是"甘州""伊州""凉州""梁州"诸调,这些调都是从现在甘肃、新疆等地方输进来,而那时候这些地方的文化全属印度系,后来又有所谓龟兹部乐、天竺部乐等,都是一条线上衍出来的。这些音乐,现在除了日本皇室或者留得一部分外,可惜都声沉响绝了。但我们据《唐书乐志》及唐人诗文集、笔记里头所描写记载,知道那时的音乐确是美妙绝伦。所以美妙之故,大约由中国系音乐和印度系音乐结婚产出来。

（二）建筑　中国建筑受印度影响是显而易见的事。《洛阳伽蓝记》里头的遗迹我们虽不得见，永平寺、同泰寺、慈恩寺……诸名区的庄严美丽，我们虽仅能在前人诗歌上或记录上欷歔凭吊，但其他胜迹留传至今的还不少。就中窣堵坡（塔）一项，尤为我们从前所无。自从这项建筑输入之后，增饰我们风景的美观真不少。你看，西湖上的"雷峰""宝俶"两塔，增它多少妩媚。汴梁城上若没有"铁塔"和"繁台"，还有什么意趣？北京城最古的建筑物，不是彰仪门外隋开皇间——六世纪末的"天宁寺塔"吗？北海的琼华岛，岛上"白塔"和岛下长廊相映，正表示中印两系建筑调和之美。我想这些地方，随处可以窥见中印文化联锁的秘密来。

（三）绘画　中国最古的画，我们看不见了。从石刻上——嘉祥县之武梁祠堂等留下几十张汉画，大概可想见那时素朴的画风。历史上最有名的画家，首推陆探微、顾虎头，他们却都以画佛像得名。又如慧远在庐山的佛影画壁，我猜是中国最初的油画，但这些名迹都已失传，且不论他。至如唐代的王维、吴道子所画佛像，人间许尚有存留。依我看来，从东晋至唐，中印人士往来不绝，印度绘画流入中国很多，我们画风实生莫大影响，或者可以说我们画的艺术在那个时代才确立基础。这种画风，一直到北宋的"画苑"依然存在，成为我国画史上的正统派。啊啊，真是中印结婚产生的"宁馨儿"！

（四）雕刻　中国从前雕刻品，像只有平面的，立体雕刻，我猜度是随着佛教输入。晋朝有位名士戴安道（王羲之的儿子王子猷剡溪雪夜访戴的故事，访的便是他），后人多知道他会作诗、画画；我们从《高僧传》上才知道，他和他的兄弟都是大雕刻家。他们哥儿俩曾合雕一佛像，雕时还留下许多美谈。

此后六朝隋唐间所刻有名工妙的佛像见于历史者不计其数，可惜中间经过"三武毁法"（北魏孝武、北周武帝、唐武宗）的厄运和历代的兵燹，百不存一，但毁不掉的尚有洛阳龙门山壁上三四千尊的魏齐造像，我们现在除亲往游览外，还可以随处看见拓片。其尤为世界镶宝的，莫如大同府云冈石窟中大大小小几百尊石像，据说是犍陀罗美术（犍陀罗为今阿富汗地，它的美术是印度和希腊结婚所产）的结晶作品，全世界找不出第二处，就只这一票宝贝，也足令我们中华民族在人类文化史上留下历劫不磨的荣誉——但倘非多谢老哥哥提拔，何能得此？

还有一种艺术要附带说说：我们的刻丝画，全世界都公认它的价值，但我敢说也是从印度学来的，玄奘归赆的清单，便列有这种珍贵作品。

（五）戏曲　中国最古的戏曲，所谓"鱼龙曼衍之戏"，大概是变戏法的玩意儿。歌和舞自然是各有很古的历史，但歌舞并行的戏剧，魏晋以前却无可考见。最初的歌舞剧，当推《拨头》一曲，亦名《销头》，据近人考证，像是从那离代京（大同）三万一千里南天竺附近拔豆国传来。那戏是演一个人，他的老子被虎吃掉，他入山杀虎报仇，演时且舞且歌，声情激越。后来著名的《兰陵王》《踏摇娘》等戏本，都是从《拨头》变化出来。这种考证若不错，那么，印度又是我们剧界的恩人了。

（六）诗歌和小说　说中国诗歌和印度有关系，这句话很骇人所闻。——连我也未敢自信为定论，但我总感觉：东晋时候译出印度大诗人马鸣菩萨的《佛本行赞》和《大乘庄严经》这两部名著，在我们文学界有相当的影响。我们古诗，从《三百篇》到汉魏的五言，大半情感主于温柔敦厚，而资料都是现实的。像《孔雀东南飞》和《木兰诗》一类的作品，都起自六朝，前此却无有（《孔雀东南飞》向来都被认为是汉诗,但我疑心是六朝的,我别有考证)。《佛本行赞》现在译成四本,原来只是一首诗,把佛一生事迹添上许多诗的趣味谱为长歌,在印度佛教史上力量之伟大固不待言,译成华文以后,也是风靡一时,六朝名士几于人人共读。那种热烈的情感和丰富的想象力,输入我们诗人的心灵中当不少,只怕《孔雀东南飞》一路的长篇叙事抒情诗,也间接受着影响吧!(但此说别无其他证据,我未敢自信,我要再三声明。)

小说受《大乘庄严经》影响,我十有九相信。《庄严经》是把《四阿含》里头所记佛和佛弟子的故事,加上文学的风趣,搬演出来,全书用几十段故事组成,体裁绝类我们的《今古奇观》。我国小说,从晋人《搜神记》等类作品,渐渐发展到《唐代丛书》所书之唐人小说,依我看,大半从《庄严经》的模子里镕铸出来。这还是就初期的小说而言,若宋元以后章回体的长篇小说,依我看,受《华严经》《宝积经》等影响一定不少。这些经典都是佛灭后六七百年间由印度文学家的想象力构成,这是治佛学史的人公认的,然而这些经典,中国文学家大半爱读它,又是事实。

中国文学本来因时代变迁自由发展,所受外来影响或比较的僅少,但既有这类新文学优美作品输入,不管当时诗家或小说家曾有意模仿它,然而间接受它熏染,我想总不能免的。

(七)天文历法 这门学问,中国原来发达很早,但既和印度交通后,当然得他补助,唐朝的"九执术"便纯从印度传来,僧一行的历学,在我们历学史上是有位置的。

(八)医学 这亦是我们固有的,和印度交通后,亦有补助增益。观《隋书·经籍志》《唐书·艺文志》所载婆罗门医药书之多,可知。

（九）字母　中国文字是衍形的，不能有跟着言语变化的弹力性，这是我们最感不便的一件大事。自从佛教输入，梵文也跟着来，于是许多高僧想仿造字母来救济这个问题，神珙、守温等辈先后尝试。现存"见溪群疑"等三十六字母，虽然形式拙劣、发音漏略，不能产出什么良果，但总算把这问题提出，给我们以极有益的动机和资料。

（十）著述体裁　中国从前书籍，除文学作品及注释古典的训书不计外，虽然称"体大思精"的经书、子书，大都是囫囵统括的体裁，没有什么组织，不容易理清眉目，看出它的条理。自从佛典输入之后，每一部经论都有它首尾一贯盛水不漏的主义，里头却条分缕析、秩序谨严。这种体裁，求诸中国汉魏以前是没有的（《荀子》和《论衡》算是最谨严的，但还比不上）。这种译书既盛行，于是发生"科判"的专门学——把全部书脉络理清，令人从极复杂的学说中看出它要点所在，乃至如天台贤首诸师将几千卷藏经判为"三时五教"之类，是都用分析综合的观察，开一研究新途径。不但此也，当六七世纪时，印度的新因明学正从佛教徒手里发挥光大起来，研究佛学的人，都要靠它做主要工具。我们的玄奘大师，正是最深造此学之人，他自己和他门下的人的著述，一立一破（立是自己提出主张，破是反驳别人）。都严守因明轨范，应用得极圆活而致密。这种学风，虽后来因禅宗盛行，一时消歇，然而已经在学界上播下良种，历久终会发新芽的。

（十一）教育方法　中国教育，不能不说发达得很早，但教育方法怎么样，共有若干种，我们不容易调查清楚，即如聚许多人在一堂讲演，孔子、孟子书中像没有看见这种痕迹。汉朝伏生、申公诸大师，也不见得是如此。我很疑心这种讲演式的教育，是佛教输入后从印度人学来，不唯如此，即在一个固定的校舍中，聚起许多人专研究一门学术，立一定课程，中国前此虽或有之，但像是从佛教团成立以后，这种制度越发完密而巩固。老实说,唐以后的书院,实从佛教团的教育机关脱胎而来,这种机关和方法善良与否,另一问题,但在中国教育史上不能不特笔重记。

(十二)团体组织　中国团体组织,纯以家族为单位,别的团体,都是由家族扩大或加减而成,佛教输入,才于家族以外别有宗教或学术的团体发生,当其盛时,势力很大,政治上权威一点也不能干涉到它。即以今日论,试到普陀山一游,便可见我们国里头有许多享有"治外法权"的地方,不必租界,他们里头,有点像共产的组织,又有点像"生产事业国有"的组织。这种组织对不对,另一问题,但不能不说是在中国全社会单调组织中,添些新颖的色彩。

以上十二项,都是佛教传来的副产物,也是老哥哥——印度人赠给我们的随帖隆仪,好在我们当小弟弟的也很争气,受了哥哥提携便力求长进,我们从印度得来的学问完全消化了,来荣卫自己,把自己的特性充分发展出来。文学、美术等方面,自己建设的成绩固不用说,即专就"纯印度系的哲学"——佛教论,天台宗、贤首宗、禅宗、净土宗这几个大宗派,都是我们自创。乃至法相宗虽全出印度,然而《成唯识论》乃由玄奘集合十大论师学说,抉择而成,实是玄奘一家之学,其门下窥基、圆测两大派,各个发挥尽致、剖析入微,恐怕无著、世亲一派学问,到中国才算真成熟哩。所以我们对着老哥哥,自问尚可以无惭色。

哎,自唐末到今日,咱们哥儿俩又一别千年了。这一千多年里头,咱们两家里都碰着千灾百难,山上的豺狼虎豹、水里的龙蛇蚌鳖、人间的魑魅魍魉,不断地恐吓咱们,揶揄咱们,践踏咱们,咱们也像有点老态龙钟,英气消减,不独别人瞧不起咱们,连咱们自己也有点瞧不起自己了。虽然,我深信"业力不灭"的真理——凡已经种在人心上的灵苗,虽一期间偶尔衰萎,终久要发新芽,别开一番更美丽的境界。不信,你看曲阜孔林里的汉楷唐柏,皱瘦到像一根积锈的铁柱,却是阳春三月,从它那秃顶上发出几节"孙枝",比"鹅黄柳条"的生机还充盛,咱们哥儿俩年纪虽老,"犹有童心"。不信,你看哥哥家里头现成的两位现代人物——泰谷尔和甘地。

哈哈!一千多年"爱而不见"的老哥哥又来访问小弟弟来了。咱们哥儿俩都是饱经忧患、鬓发苍然,揩眼相看,如梦如寐,我们看见老哥哥,蓦地把多少年前联床夜雨的苦辛兜上心来,啊!啊!我们要紧紧握着他的手不肯放,我们要搂着他亲了又亲亲了又亲……我们要把从娘胎里带来的一副热泪浸透了他托腮上那可爱的大白胡子。

我们用一千多年前洛阳人士欢迎摄摩腾的情绪来欢迎泰谷尔哥哥,用长安人士欢迎鸠摩罗什的情绪来欢迎泰谷尔哥哥,用庐山人士欢迎真谛的情绪,来欢迎泰谷尔哥哥。

泰谷尔对我们说:他并不是什么宗教家、教育家、哲学家……他只是一个诗人。"这话是我们绝对承认的。他又说:"他万不敢比千年前来过的印度人,因为那时是印度全盛时代,能产出许多伟大人物,现在是过渡时代,不会产生很伟大人物。这话我们也相对地承认。但我们以为:凡成就一位大诗人,不但在乎有优美的技术,而尤在乎有崇高的理想。泰谷尔这个人和泰谷尔的诗,都是"绝对自由"与"绝对爱"的权化,我们不能知道印度从前的诗人如何,不敢妄下比较,但我想泰谷尔最少也可比两千年前做《佛本行赞》的马鸣菩萨。我盼望他这回访问中国所发生的好影响,不在鸠摩罗什和真谛之下。

泰谷尔又说:他这回不能有什么礼物送给我们,只是代表印度人

这是诗人泰谷尔创作的一幅乡村风俗画：茅屋旁边伫立着一座寺庙，四周有树木环绕。茅舍十分简陋，但是砖石结构的寺庙却显得庄严神圣。在印度，到处都可以看到大大小小的神庙，有的庙宇犹如宫殿般宏伟壮观。

向我们中国致十二分的亲爱。我说，就只这一点，已经比什么礼物都隆重了。我们打开胸臆，欢喜承受老哥哥的亲爱；我们还有加倍的亲爱奉献老哥哥，请他带回家去。

我最后还有几句话很郑重地告诉青年诸君们，老哥哥这回是先施地访问我们了。记得从前哥哥家里来过三十七个人，我们却也有一百八十七个人，往哥哥家里去，我盼望咱们两家久断复续的爱情，并不是泰谷尔一两个月游历昙花一现便了。咱们老弟兄对于全人类的责任大着哩，咱们应该合作互助的日子长着哩！泰谷尔这次来游，不过替我们起一个头，倘若因此能认真恢复中印从前的甜蜜交谊和有价值的共同工作，那么，泰谷尔此游才真有意义啊；那么，我们欢迎泰谷尔才真有意义啊！

（录自1924年5月10、11、14、15日长沙《大公报》，汪震、王寿康、李林昌笔记。）

他的伴侣他的生命寄托

顾惠人

欢迎泰戈尔来华的声浪,去年我已听见了。后因当时中国的气候不适诗哲泰氏的身体,所以不能如约来华。一般抱着热烈欢迎的人们大失所望,到了今年四月十二日的那一天,他竟惠然驾临,上了我国的岸。于是欢迎的歌,唱得不绝,在泰氏没有来华之前,早有组织委员会准备着欢迎泰氏。这种兴高采烈、轰动一时的欢迎弄得我莫名其妙。人们如发狂似的热情,究竟为什么?是不是为了他是当代有名的印度诗人,所以要一睹风采?还是为了他曾于一九一三年得诺贝尔奖?所以我们大家来聚个热闹,向他说些恭维的话?我们倘为了这些缘故,而向他表示欢迎,实在没有一些价值。这都是为了感受一时情上的冲动所发生的,等事过境迁,泰氏回府后,欢迎从此亦了结。那么,这种欢迎有何意思呢?而且,我们将怎样对得住这位高年白发的诗人不辞辛苦、跋涉艰难来到吾国呢?

倘以上述的理由,而去欢迎泰氏,仍不免带些势利的色彩。据我个人的眼光,看他不仅他是一个诗人,更不是为他得了诺贝尔奖,所以身价十倍。他是个纯粹朴实的人,没有丝毫卑鄙的行为。泰戈尔之所以为泰戈尔,就在这一点——他的伟大的人格和主义,而我们所以要欢迎他的缘故亦正在此!

我们中国现在是不是在人格破产、物质势力横行的时代?上至总

统,下至平民,都是贿赂公行,不加顾忌。大家尔诈我虞,能骗得过则骗。选举大总统有什么贿选,开国会有什么卖票,种种奇形怪状,层出不穷。加之工业制度传入我国,工厂一天一天地增加。一般工人受了经济上的压迫,不得不入工厂做工,那些厂主竟有的以奴隶、牛马待之。于是,那些工人时思反动,但无实力,所以他们只有隐忍痛苦,终日呻吟于资本家之下。在这人格沦亡、物质势焰的当儿,来了一位人格的提倡者、精神的安慰者,那么,怎么不使我们以热烈的爱情和诚意去欢迎他呢?

泰戈尔的人格,我们可从他所流露的诗中找出。至于他的诗集,早经国中有名的人士介绍和译述,不容我这个不学无术的人来多说。但以我个人对于泰氏的人格所见到的,和诸君一谈:

要讲诗哲泰戈尔的人格,我们先要懂得什么是人格。人格的界说本是很难立的。因为人格的定义有从心理学立论,有从社会学立论,亦有从伦理学立论的,他们各有各的论调,而且各有各的着眼点。我们暂且不用他们。但我们可以说,人格乃是自我的表现在从情感方面、意志方面和意识方面,我们现以这条界说,而观察泰氏的人格。

(一)美 美乃是人格表现的初步。一个人要造就伟大的人格,必须知道什么是美,到哪里去找它。美不都是愉悦人目的,乃是提高人的心灵的。加之美只有主观的评决,没有客观的标准。这样说来,我们一时不能断定什么是美。然而,我们不能说世界上没有真的美,真的美乃人类心灵上和精神上的兴奋剂。现在上海大马路伟大洋房的美不是真的美,乃是矫揉造作的人为的美,所以不能感应人生的精神,有时反觉得厌恶。那么,真的美在哪里?我可简单地回答:"它是远在天边,近在眼前。"我们可以到围绕我们的大自然中去找它。泰戈尔他一生人格的美的表现,是受天然中的美的感化。我们从他所作的诗中可以见到。

> 当早晨你寺里的钟声鸣时,男人们和女人们急急地走下森林地的小径,带着他们的贡品——鲜花。
>
> 但是我躺在树荫下的草地上,随他们过去,我想,我还是躺着为是,因为在那时,我的花儿正含苞待放哟。
>
> 及至天将暮,花都要开了,于是我乃去行我的晚祷。
>
> ——《歧路》第62首,泰戈尔著,雁冰译。

> 天色晦暝,雨渐沥地下着。
> 愤怒的电光从破碎的云里射下来,
> 森林如一只困在笼中的狮子,失望地摇着鬃毛。
> 在这样的一天,在狂风虎虎地扑打它的翼膀的中间,
> 让我在你面前找到我的平安吧。
> 因为这里忧郁的天空,已荫盖着我的孤独,
> 使你与我的心的接触的意义更为深沉。
>
> ——《歧路》第20首,泰戈尔著,郑振铎译。

读了以上泰氏的两首诗,我们知道他常流连于自然的当中,与它结很深的缘。自然是他的伴侣、他的生命的寄托。这样,他还不为受天然的美化吗?

(二)真 人格的价值的高下,可以真去估量它,舍弃"真"不能讲人格,因为人格是"真我"的表现。人们人格破产的大原因,就是为了他们鬼鬼祟祟、口是心非,没有把他们的真人格表现,他们有时,有意作无病的呻吟;亦有的时候,他们的病已入膏肓,但他们有意地装硬好汉,说些面子上的话。但我读泰戈尔的诗,不禁使我想见他的人格。这亦许是他的"真我"为显示,我可节录两首在下面:

我的歌去掉它的装饰品，它不宝贵那衣服与饰物，装饰品要阻碍我们的联合；他们要横梗在我和你的中间，他们的叮当声会淹掉你的微雨。

我的诗人的虚荣，在你面前羞耻得死了。呵，诗人的主，我在你的足下，请你只要使我的生命简单而正直，如一管芦笛，为你灌注以音乐。

这里是你的足凳，你足所放的地方，就是那最穷苦的、最下等的以及迷途者所住的。

当我想对你鞠躬时，我的敬礼竟不能下达于那深处，那最穷苦的、最下等的以及迷途者的中间，你的足所放的地方。

骄傲永不能接近于那个地方，你穿了谦抑之服，在最穷苦的、最下等的以及迷途者走着的地方。

我的心永不能找到他的路，走到你与无伴侣的、最穷苦的、最下等的以及迷途者为伴侣的地方。

——前二首：《迦檀吉利》第七、第十，郑振铎译。

（三）爱　爱乃是泰戈尔人格的结晶，他有很多的诗，都是流露爱的情绪；但他的爱的对象，不是物质，他所爱的乃是纯洁的、高超的天然，没有一点污浊的思想夹在里边，可怜啊，多少有作为的青年误解了爱，而中他的毒。我想读了泰氏的诗，可以使我们懂得爱的真情：

我爱这些沙岸，这个地方有些寂静的池沼，鸭子在那里呷呷地鸣着，龟伏在日光底下曝着；黄昏时，有些漂游的渔舟，藏在茅草中间。

我爱那有树的对岸，那个地方，阴影聚在竹丛的枝上；妇人们捧着水瓶，从弯曲的小巷里出来。

同是这一条河，在我们中间流着，它对它的两个岸，唱的是同样的歌，我在星光底下，一个人躲在沙上，静听着水声；你也在早晨的光明里，坐在斜坡的边上，静听着，然而我从他那里听得的话，你却不知道。而他向你说的密语，对于我，也永远是一个神秘。

——《爱者之赠遗》，泰戈尔著，郑振铎译。

把我从你的甜蜜的束缚中释放出来，我爱！请不要再加这吻之酒了。

这重香之雾，窒塞了我的底心了。

把所有的门统统打开，使晨光可以进来。

我迷失在你里面，绻卧在你宠爱之怀抱里面。

把我从你的诱惑里释放出来，给我反到人性里去，我将赠你我的自由之心。

我爱，我的心日夜渴望着和你会集——那好像全般吞灭了的死亡的会集。

好像一阵暴风一样地把我扫开：拿了一切我所有的；惊醒了我的睡眠，抢夺了我的清梦，在我的世界里将我抢去。

在那蹂躏里，在那灵魂的极里赤裸，让我们成了美中之一。

哀哉，我的空虚的希望呀——除出在你里而之外，何处是这协和的希望呢，我的上帝？

——《园丁集》第四十八、第五十，徐培聪译。

我们已由泰氏所作诗句中得见他的伟大人格的实现和写照，因其他有这样的人格，所以他能抱尊高的主义，他的和平恬淡的主义，不能不使我们佩服到五体投地。我前读他的传记，其中提及当他于一九一三年接得诺贝尔奖的电报的时候，一般人们听见了，都为他欢天喜地地在街上唱着歌儿，敬祝他的荣誉。但他老先生住在家里不动声色地叹着："啊！以后我没有安静的日子了。"从此可知，他对于功名利禄是不稍顾及的。

现代的文学大家，曾于一九二三年得诺贝尔文学奖的爱尔兰人夏芝（叶芝），他曾为泰戈尔作《迦檀吉利集》（《吉檀迦利》）的序，内中夏芝说："我每日读泰戈尔，读他的一行，便可把世界上的一切烦恼都忘了。"我们虽不能像夏芝那样地受泰氏的默化，但至少我们亦要得到些他人格上的感染，才不负此次泰氏来华的一行了。

一九二四、四、二十，于沪江大学

（录自长沙《大公报副刊》，1924年5月23日、24日，第10版。）

这回带了一份极宝贵的礼物

应

泰戈尔先生此次来游中国,在我们清华住了一星期之久,我们不但能够瞻仰他这位伟大诗哲的风采,并且能听到他的言论;不唯能听到他的言论,并且能够同他讨论人生的各种问题。这实在是我们最引为荣幸,并且在清华的历史上最值得纪念的一件事体。

从前清华也曾有过许多达官贵人光临。他们来的时候自然是热闹得很,但是不管他是议员、总长、将军,或是总统夫人,他们一去了,我们的高兴也就消灭了。他们对于我们是没有什么影响的,因为他们来清华的目的只是在游逛或者应酬,并不曾带什么礼物送给我们享用,也不曾衔着什么使命留给我们奉行。

这回泰戈尔来清华,我们欢迎他,自然也算得热闹。他来清华,也许有一部分意思是在游览,可是他和那些贵人有不同的地方,就是他离开了清华之后,他的印象是会常时存留在我们的脑筋里。他对于我们的行动和思想,是有很大的影响,他会使得我们此次欢迎他的兴趣不但不渐渐消灭,并且引导我们到了一条新辟的大路上,使得我们心头上时时刻刻地记着他的话,向前行进。

泰戈尔来清华会有这样的结果,完全和那些贵人相反,到底是什么缘故呢?据我看来,第一层是因为他带了一份极宝贵的礼物来送给我们享用。这份极宝贵的礼物就是他那伟大的人格。我个人对于泰戈尔的学说和思想是没有研究的，所以我不敢以这个当作是他送给我们的礼物。但是我想，无论哪个只要会站在他老人家的前面，瞻望了他老人家那温和慈祥的容貌和那庄严恬静的态度，心里立刻会感觉着，好像受了一种无形的有力的感动似的。

他这种安详的容态，是足以表现他那伟大的人格。我们现在只要把它深印在脑筋里，以后根据这种印象，因而联想到一位温和慈祥、庄严恬静的老人，无形之中就不知将要享受多少的感化。所以我说，泰戈尔先生这回来是带了一份极宝贵的礼物，送给我们终身享用。

第二层，我所以为是因为泰戈尔这回衔了一个极重要的使命，放在我们的前面。这重要的使命，就是要我们努力去建设一个世界的文化。他在他的演说里，承认了中国在世界文化史上是有了很大的贡献，并且不断地称赞这些贡献。但是他认为将来世界的文化，是要赶快地去建设，所以他在那次演说里，再四地请求我们出来担任这个责任。演说临终的时候，他振着声音说：他年纪是衰老了，恐怕再也没有机会和我们相见了，我们将来的成功，他恐怕是看不见了。他那种真切诚恳的意思，恐怕当时没有哪个不为他所感动的。中国的青年和清华的同学们！这位老人现在已经把一个建设世界文化的使命放在你们的面前了，从今以后你们应当如何地去实现这个使命，方才不负他老人家的期望呵！

（录自《清华周刊》第313期，1924年5月9日。）

泰戈尔的小说实在是诗的小说

俞长源

"泰戈尔来华了",这一片欣舞的欢呼声里,充满了诗人的荣誉。我们生在这东方荒芜满地的文艺之园里,对于这培植的成功者,诚不能不表示十二分的谢意。因为这位东方文坛上的大诗人,自从一九一三年的冬天,得了瑞典文学会的诺贝尔奖"Nobel Prize"以后,他的名誉,变为世界的了。从前西方人对于东方文学,颇多蔑视之意,这时会(候)他们的态度改变了。同时我们东方的诗人也在世界的文坛上占了一个位置了,这当然是一桩十分荣耀的事体啊。所以他的作品,不但世界人都去研究它,就是我们素来不大和世界文坛接近的,此刻也大谈泰戈尔不止了。不过,这位诗人的造就实在伟大得很,我们从他的造就的全部看去,同时可以带上三个冠冕:一、哲学家;二、教育家;三、文学家。以上两种不是我们学力所能谈的,就说说文学吧,可是他对文学的造就也十分地广博。诗是他拿魂灵燃烧着的生命之流,所作的诗集,如《园丁》《飞鸟》《采果》《爱者之贻》等,自然是我们十分地赞颂的了。戏剧也是他努力文学的最好的成绩,他那年得诺贝尔奖金的作品,便是一本戏剧《邮政局》。其次,如《暗室之王》《齐德拉》《春之循环》等,都是经欧美各剧场排演过而宣告成功之果的。最后便谈到我们所要谈的他的小说了,他的小说刊布出来的只有四种,长篇两种:《家庭与世界》《沉船》。短篇小说集两种:《饿石及其他》《姨母及其他》。现在把它们的内容分别开来说一说。

（A）《家庭与世界》　这本长篇小说一共分为十二章，是叙述他故乡彭加尔（孟加拉）地方一个望族的故事。书中有三个主角，一叫毕曼莱，一叫臬希尔，一叫山狄勃，各用各的言语讲出各人的人生观和内部的冲突。譬如山狄勃是个印度的爱国运动者，她有强辩的口才、超象的论调，因此大部分的印度人都崇信她，使她有睥睨一世之意。她丈夫颇为满意于她的所为，然她常常因此做出许多成功的事业，出乎她丈夫意料。毕曼莱遂为她的权力所支配，也热心从事于爱国运动，而其结果则完全失败了。至于臬希尔，则为泰戈尔的化身，处处表现他的人生哲学。

（B）《沉船》　《沉船》是叙述一件恋爱的事件，书中的主角是一个印度少年和一个同学的妹妹。少年在加尔各答读书，与那同学妹妹由友谊而达为两性的恋爱。不意少年的父亲，因为宗教的冲突，不许他和那个恋爱的对手结婚，而强迫之和一个素不相识的女子结为终身的旅伴。他们在婚礼举行后，同坐船回去，尚在路上，船遇风沉了。少年便漂流到岸上，忽然遇到一个新娘，初以为是自己的妻子，但仔细认了一认，并不是的，他觉得很奇怪。后来据这女子说，她也是同他新郎乘船同回去的，现在船沉了，她的真正的丈夫也不知道哪里去了。这段故事颇有诙谐的趣味。

（C）《饿石》和《姨母》　这两本短篇小说集，我都买过。曾选择了数篇登在从前《时事新报》的"学灯"栏里。两集中一共有二十七篇，大约都经人译过了。

此外，他的零星短篇，登载亚细亚报纸和杂志上面的，也还不少，以下我们便谈一谈他的小说的特色了。

（A）哲学的见解　因为他是哲学家，所以他的哲学的见解时常流露在他的小说里。泰戈尔虽不是个主张什么派别和什么主义的哲学家，但他企求精神生活的圆满，很提倡一个"爱"字，我们从他的诗歌里，已发现他是个"爱的诗人"（The Poet of Love）了！现在再从他的小说里探寻这个痕迹，更可以明显了。譬如《归家》是表示子之爱的，《邮政长和我的芳邻》等是表示情人之爱的，《河阶》是表示自然之爱的，《尊严之夜》是表示夫与妻之爱的……我们读了这些充满着爱的分子的小说，心灵上所得的安慰，必定能超越一切。在近人写实主义作品得势的时候，我们对于文学的欣赏，正感受十二分的乏味，现在看了泰戈尔的小说，真是饿鬼在饥荒时获得的面包了。

（B）诗意的描写　泰戈尔的小说，处处发现了丰腴的格调、现实的词句，因此我们知道他的小说，多受了他诗的天才的影响，简直是散文诗了。我们读了他的《骷髅》那几篇东西，何等的惋恻隽永，真令人有一唱三叹之慨。里斯（Ernest Rhys）在他的泰戈尔传里说："有几个批评家，他们直接从彭加尔文知道泰戈尔的最优美的著作，不在诗歌和戏剧，而在小说。"这话虽然不尽可靠，但由此我们可以说他的小说实在是诗的小说了。

总之，泰戈尔的小说正如他的哲学见解，并不拘定一定的派别和主义，实质上是他哲学的自白，形式上是他诗意的表现。总而言之，便是由哲学与诗，联合而成一种最美丽、最调谐的小说作品。

（录自《申报》，1924年4月20日，第5张。）

可亲可爱的诗人,聪颖解人的文人,原来也是泰戈尔先生

五月六日记

瑞棠

　　这个月的日记本,大概今天的算有写下来的价值,也为的是留一些愉快及安慰的余音罢了。今早上给莫泊桑、莎士比亚闹了几点钟;他们的文学当然如珠如玉、举世皆知、举世皆贵的了。可是他们离我们太早,识我们中国太迟,不免使人由缺憾中生出一种不太和洽的观念,由这观念不免要引出不快的感觉。人感到不快时,不免生厌嫌之心,这是我尝觉莎士比亚等给我的一些莫名所以的情感。其实有人问我喜不喜欢莎士比亚作品,我倒是非常赞美它的。

　　今天下午一扫此种不快,谁给我这权能呢?就是泰戈尔先生,我自从读了他的 The Crescent Moon 及 Gardener 以后,总觉他是一个识我国甚早、认我国不迟的作家。由亲切思想,不由得生一种甜蜜的情感。他书中意旨词华,我们差不多都不用皱眉思索过就明白了。这为何呢?因中印两国世交的缘故吧。由丝丝甜蜜思想中,不觉得想见一见本人到底怎样?在先农坛演讲,我以为地方太大,不易听得清楚,为保存我自己的好感,所以也不去了。可是以后凡见过他的人都说:"他实在可以满足我们心眼中的诗人的理想。"还有几个人对我说:"盼望你在私人谈话会到他,必能使你快意呢。"今日何日,真叫我试出这些真确回报呢!

这是诗人泰戈尔创作的一幅独特的风景画。粗看就是一片稠密的树林，可是再仔细一看，就会发现有一位老人骑着毛驴在林间行走。诗人将自己的奇妙幻觉通过这幅风景画展现出来，是想象与现实的奇妙结合。

我头一次和他拉手时，抬头见他银白的长须、高长的鼻管，上还有充满神秘思想的双目，宽袍阔袖，下襟直垂至地，我心里不觉一动，觉得我那时真觉到神游宋明画本之中。若不是旁边的西国太太莺声燕语聒耳，连那句"久仰久仰"的话都要忘说了。因为赏识神妙的美，只可意会，不能言传的，他的魁梧躯干，不但不使人生畏惧，且使人生一种羡慕、敬惜的心。他的低沉的声韵，不但不使人生厌倦，且能使人感到如饮醇醪及如听流水的神味。这并不是"人言亦言"，实在是因他说话时不使人生干燥。很平淡的话，他必要引些诙谐材料在里头（文学家去了这点实在不可以的）。我问他多大读英文，他说十三岁，带着就把当时上学淘气神情说出来。问他到京后怎样，他就把自己比得极可笑，他说怎样能自己一个人随便在街上溜达也就好了，现在一出来不叫狗吠，就招狗出来牵衣。说到以前文人多在自己作品旁画圈点，他就说，如果我自己也代自己画，我的著作一定都满了圈了。像这类很多，不过这个记下来，也大概可以证明其他了，也可以知道受万人爱慕的诗人是怎样的，印度的真诗人的神韵实在可爱！此时忽然想起崇效寺昔年的有诗名解佛法的法师智朴来，他的解人神味，就仿佛泰戈尔先生。有一天乾隆皇上他老庙烧香，宣谕御林军，凡伤一花一草者斩首示众。有一个锦衣卫的马吃了花草，有人奏知乾隆，于是传旨下来斩锦衣卫之首。智朴在旁吟诗，一闻此事，大笑起来。乾隆乃问他缘故，佛弟子见人死，不救却笑，亦太奇了。智朴乃说，我笑这个粗人却是杜诗迷，"竹内行厨传玉碟"确是妙人妙事，"花间驻马簇金鞍"哪知却是上犯天条的事呢？皇上现在不是"竹内行厨"来吗？他却想到下句了。乾隆大笑，命免锦衣卫死罪。像这种妙解，一笑却可救人一命，非绝顶聪颖的诗人，谁又想得出？智朴大师久受诗人仰慕，崇效寺《红杏青松图》为他题句的，何止百人？百人中没一个不是当代名流，他的魔力也可见一斑了。他的韵事甚多，一一记出来，实有文学上的价值的。泰戈尔先生受人仰慕，固然一半为他所做事，一半也为他的妙解动人的言谈笔墨吧！二十年来，中国文人喜谈国家大事，动不动就"国事蜩螗""民生日蹙"起来，这固然是不可隐讳的事，可是谁又为这些话真动心来过呢？有些文人更是可憎，动不动就是"一字一珠""墨泪不分明"的话。更有一些年轻的文人，诗文内不是"伊"就是"他"。末了不过表明他想伊、伊想他罢了。若不是诗文中的"伊"与"他"，谁又为这些作品动一动心呢？虽然，诗文本为发表一己作的，可是写自己，自己留出来便够，何必又偏去请许多人看它呢？这是近来出版物不可解的作品。唉！青年的诗人呵，心事虽然可以告诉人家的，但是人家不和你表同情，也不免太减兴吧！

教育家常说，因感兴趣而得的观念必永久。的确，有志世道人心或热诚爱国的文学家，不可不知此义。《三国演义》和《水浒》感人至深，比《四书》《五经》多得多吧？泰戈尔的诗初出时很受各方攻击，因他不法印度古诗，也不模仿欧洲；因他爱好自然，便以自然为师（自然界的美妙，人所共赏的。虽有深浅不同，可是多少都可领略一些。）！以后大家承认他作品价值的，一天比一天多。换句话说，为他作品感动的人，也日增了。他今天问我作中国诗系新的、旧的？我答说："旧的没味，新的常不觉要模仿欧式，也很无聊。不如不作爽快。"他说："这是你们年轻人的困难，我也尝过来的。"提到作画，他问我系中法或西法，我说："中画年纪大些，经验也许比欧画深些，中画好的真能令人出神，可是拿四王做招牌的又是真使人厌恶。欧画有些太重写实，近年流行巴黎新式也很怪气，叫人一看见分不出什么来，细看方知。真艺术品，并不贵乎做作，愈随便愈见妙笔，幸会到了的作品，实有一种不可泯灭的神力。"他点头微笑说："好诗也是如此呀！"

本日下午在礼堂讲演，原文记他本，最奇怪的就是女学生从来不喜和面生讲员谈话的，这回竟事有不然，讲完之后，下台便有许多女生向前问他话，平常不爱说的人，也为他破戒了。这不是泰戈尔的神秘爱力的影响，谁又有这样权能来呢？

泰戈尔未来以前，我觉着他系一个可敬仰的诗人罢了。泰戈尔来了以后，于我印象上深深地画上"可亲可爱的诗人，聪颖解人的文人，原来也是泰戈尔先生"几句话。这篇日记很没秩序，不过记出来总比不记出来好一些罢了。拉杂写来，自己也觉莫名所以，或者这也是一种泰戈尔的神秘魔力，招我写了这些？好在这却是私人日记罢了。

（录自《晨报副镌》1924年5月12日，第2、3版。）

泰戈尔最初最后只是一个诗人

江绍原

一

老实是一种美德。说句老实话，我对于泰戈尔没有很深的研究。可是我不信现在这一般欢迎或反对他的人，对于他的研究会比我深到哪里去。这也是一句老实话。我的胆子本来很小，不敢乱谈泰戈尔；但是现在大胆欢迎或反对他的人如此之多，叫喊得如此之响，倒教我的胆子壮起来。所以有这一篇随便讲演的话。

我没见过这座喜马拉雅山，他的银钟不必说自然是也没听过。他的诗歌、戏曲、散文，有英文本的，我只读过很有限的几种，蒙欢迎他的人看得起我，两次送请帖来邀我赴会，可惜他们欢迎他的地方——一次是北海，一次是海军联欢社——从我住的西花厅远望过去，都有一股又黑又浓的妖气直冲霄斗。诸君原谅我，我身上向来不带避邪符，如何去得。后来他在真光剧场的公开讲演，不幸又在我能去听之前就停止了。

反对和欢迎他的人，他们的议论我倒看见过点。反对方面的是《政治生活》前三期里的文和杂评，以及"送泰戈尔"的传单；赞成一方面的是《东方杂志》里几篇文和梁启超的演说词辞（《中国与印度文化之亲属的关系》，见副刊），我如今先谈谈这两派议论，再说我自己要说的话。

二

他的反对者之中,有一种人告发他是个提倡无抵抗主义的。

这是真的吗?

政治生活周报社提出四个问题问他,其中头两个是:"(一)先生对于印度独立(swarji)的意见;(二)印度独立将由何法争得?——宪政运动呢,群众革命呢?"

泰戈尔从前的著作里有没有可以引来回答这两问的?

他的确定的答语,我已经找着。怕读者误会了他的意思,我不能不先请他们记牢以下两点:

第一,泰戈尔是个爱国的人。他说过:〔系英文,略〕

第二,他也是个爱自由的人,他要印度人做一个自由的民族。他说过:〔系英文,略〕

印度人因为失去政治上的自由所感受的羞耻和苦痛,印度人自己治理自己的呼声,无时不在他的耳中。他不是为抽象的"全人类"努力的,也不是为"弱小民族"或"东方"民族努力的,他是一门心思为印度努力的——祷祝自由的、自主的、光明灿烂的印度早日出现。他的诗歌、戏曲是他为教育本国人作的;外国人(无论西方的或东方的)读了欢喜赞叹,他自然不能禁止;外国人请他说法,他自然不拒绝;但这都是外国人的事。他的生活中心,决不是训导,或娱乐外国人的活动;他的主要欲望,决不是世界名誉的博取。他与西洋教士或印度在西洋的传教士(例如 Swami Vivikananda)不同之处,正在这一点上。欢迎或反对泰戈尔的人,紧记这一句话:泰戈尔是印度人,是爱印度的人,是为印度努力的人。

但是他对于自由的解释和争自由的法子，的确很别致。泰戈尔之所以为泰戈尔就在这法子上面，撇开这两条论，泰戈尔不过是许多的印度人之中的一个。

他所谓自由和争自由的法子，反对他的中国人似乎倒像有点知道，欢迎他的中国人倒好像一点不知道。所以欢迎他的人把"不了解"的罪名推给反对他的人，据我看是错了。

第一，泰戈尔没有教印度脱离大不列颠帝国而独立的想念。照他看，世界上的大民族，其文物制度各得真理之一方面，东西民族的理想不同，他们合在一处，彼此互相补充、携手同进，是极可贺的事。何况印度人历来有同化的力量——从前已经吸收土著、希腊、波斯、回教人的文化，现在为什么不吸收西方——尤其是英国的文化？英国与印度的接触，其中自有天意，不是偶然的。所以印度人如果拒绝与英人的接触，不啻自剪其翼——不啻抗拒上天使民族相会的意旨。自由的印度，不是独立于大不列颠帝国之谓，而是在帝国内做一个自治的民族，充分去发展自己的天才与能力之谓。

他自己说过的：（系英文，略）

三

第二，泰戈尔所提倡的争自由的方法，的确自成一派。这方法不但不能使中国的急进的少年满意，而且也未尝取得印度的急进的少年之同情。中国的少年不过"不顾宾主之谊"，在演说场上送传单请他回印度；印度的少年，有一次竟在他到美国之时，不顾同胞之谊，谋图用炸弹结果了他。

据说泰戈尔曾对人说,中国少年嫌他太旧太和平,而印度人倒厌他太新太激烈,印度人认为太新太激烈的,是像他废卡斯特制度那一类的主张;至于他所提倡的争自由的方法,至少有一部分印度人以为太迂缓——至少不认为太激烈。总之,印度的守旧派认为激烈和中国的急进派认为迂缓的,不是同一的一件东西,两国的急进派同认为太和平的,是他的争自由的方法。

政治生活社问泰戈尔主张怎样去争印度独立——"宪政运动乎,群众运动乎?"泰戈尔不以为印度非独立不可,上面已经说过。至于他主张的争印度自由的方略,既非普通的宪政运动,又非武力的群众革命。政治生活社一定是以为只有上述的两条路可走,而泰戈尔教印度人走的,却是这二者以外的一条路。

他对于那般办报、演说,开口"进步",闭口"自由",以弥勒和毛雷的政治思想号召印度人的和平党,丝毫不能表同情。照他看,这些人是一般政治乞丐——一般妄想用西洋药治印度病的无知少年。有没有效果且不谈,他们对于祖国文化的精神和前途,那样一点没有觉悟的神气,已经拒人于千里之外了。

他对于持手枪、掷炸弹的铁血党,更加厌恨。有没有效果且不谈,单看他们那种以暴易暴的报复手段,以及那"只要达到目的,任何手段皆可采用"的存心,已经证明他们是要印度人用非印度的残忍方法去对付英国人。即使能把英国人赶走,印度人的真精神必定也因而丧失,那么,又何贵有此非印度之印度?而且种了罪恶的种子,也不能望有真自由的收获呀!他说:〔系英文,略〕

他厌恶暴动的革命、杀人流血的争自由,而且同时又警告西洋人:印度的激烈的少年不过是"以其人之道,还治其人之身";英国人若以为这是错了，就该洗心革面，把他们的褊狭的国家主义、压迫和歧视印度人的政策——从速取消，使印度人能在大不列颠帝国之内——得到待遇的平等和自治的自由。

宪政运动他既嫌太是口头上的乞怜，武力革命他又力说是犯罪的手段，他自己提倡的方法是什么呢？他的方法曰精神的复生，或曰，印度魂的唤醒。

假使办得到，泰戈尔要在个个印度人的心上——尤其是热心于政治活动及争自由的印度人的心上，刻上这几句话：印度所以受外人欺负，是因为自有取辱之道，专怨外人或怨天是不中用的，梦想用和平或武力把自由求来或抢来也不能成事的；要得到自由，必须在政治之外把印度的个人生活和社会生活改变过——把那些因为印度本身有，外人才敢欺负印度的弱点去干净，而且这改变生活的良药和祛除弱点的泻药，不必到外国去求，本国的宗教早备好，只等人回心转意，大胆吞服。精神复生了的印度，不但有自身健全的幸福可享，而且能感化毒我虐我的外人。争政治自由和争精神自由是一件事。

让我引泰戈尔的话，把这意思发挥发挥。

假使印度自身没有取辱之道，就有一千个英国又能拿印度怎样；假使印度自身的取辱之道不去，世界上难道没有第二个英国？养成印度人的奴隶性的，不是那不平等的卡斯特制度和依赖传说的毛病吗？这制度和毛病随它们存在，印度能生存吗？那些只知道从政治方面下手争自由的人都……（下引英文，略）

印度人反抗英国人的虐待，但是印度社会里的富人却虐待穷人，上等社会的人却虐待下级社会的人。这样的印度人凭什么去感化英国

人改善他们对于印度人的待遇?……(下引英文,略)

泰戈尔若是中国人,必定要这样说了:"中央公园的十二个铜子一张的入园券一天不取消,我们便一天不能要求黄浦滩的外国公园取消'狗与中国人不准入内'的禁令。从沙滩雇人力车到真光电影场,我们若只肯出八个子,'多一个不要',我们便不配抗议英国人在虹口办的纱厂只付女工四角钱一天了。"(请缺少 Sense of humour 的读者注意,我姓江的并没有在这里替外国人和外国资本家辩护。)

印度如没受英国的欺负,长夜沉沉,或者会永不能发现自己的弱点。如今印度既然受人欺负,就该因痛苦觉悟到自己的无似。外国人尽管压迫我们,我们该把这压迫看作天警戒我们、天惩罚我们的棍棒,忍受一点,在极大的悲痛羞耻之中,不停地提高自己民族的生活。外人越给我们苦恼,我们越反躬自责,越努力把我们民族的真精神发挥出来,越用自己民族的生活做榜样,感化而且战胜现在践踏我们的异族人。公理终有战胜强权之一日,犹如太阳终有拨云出耀之一日。将来必有自由的印度。现在呢……(下系英文,略)

印度的自由,专靠政治运动得不到手;若用强暴的手段去得,更是犯了叛逆印度理想的罪。宪政运动无益,武力革命有害。唯一的争自由的方法,是印度固有的传统的理想改造印度生活。如此去奋斗,则印度自身的精神可以发扬光大,外国人的冷酷无情可以感化到使他们知羞,那时的印度将不是英国的属地,而是大不列颠帝国那个许多民族合作的大团体其中的一个自由的活泼的团员。梦想无益,吁请无益,着急了无法无天的杀人流血更无益。看准了印度的病状和病源,记清了印度的理想和使命,咬紧了牙根,忍受着痛苦去实现印度的理想,无论牺牲什么都不退缩,无论遇见什么阻碍都不灰心,无论外面

怎样风狂雨暴浪怒雷鸣，心里总确信理想的胜利、爱的胜利、正义的胜利。……（下系英文，略）

不听见泰戈尔为祖国祈祷的诗吗？（郑振铎译）

其使我国的土地与江川、空气与果实成为甜蜜的，我的神。
其使我国的家庭与市场、森林与田野都充实着，我的神。
其使我国的允诺与希望、行动与谈话成为真实的，我的神。
其使我国的男女的生命与心灵成为一个，我的神。

彼处心是不恐惧的，头是高抬着的；
彼处的智识是自由的，
彼处世界是不被狭窄的局部的墙隔成片片的；
彼处的言语是由真理的深处说出来的；
彼处不倦不疲的努力，延长手臂以达于完全；
彼处真理的清澈的川流，是不会失路而流入死的习惯的寂寞的沙漠上的；
彼处心灵是被你导引而向于永久广大的思想与行动的——
我的天父，其使我国警醒起来，入于那个自由的天国里。

四

我希望读过二和三的人，能够看出泰戈尔给印度人亡国的苦痛和光复的挣扎一个宗教道德的（或曰精神的）解释，这个解释，因为在观察点上和所包含的实际应用上，与普通的政治的民族的解释相差太远，所以要想得到印度人普遍的承认，几乎是不可能的事。我敢说不但印度和中国的激进少年不能全盘承认这个解释，甚至连一部分佩服泰戈尔的中国人或西洋人，若与印度人易地而居，那时也恐怕没有勇力承认这个解释。英国人听见泰戈尔的主张，自然点头称善；因为印度精神复生不复生，虽不在他们心上，但是提倡牺牲、忍受、服从，对内，反对暴动、暗杀、报复，却至少可以使治理印度者少许多麻烦。不过是英国若在——比方说——法国或德国的治理之下，就未必轻易肯尊重出在他们之中的泰戈尔了。

英国人之中固然有想笼络泰戈尔的人，然泰戈尔的主张决不是专为博取英国人的欢心的。所以英国国家赏给他的"爵士"等称号，他向来不用，旁人也不敢用来称呼他。提倡南北和议的何东（中国香港企业家，慈善家，香港开埠后第一任首富）就大两样：外国人以及中国人办的西字报，都敢称他为 Sir Robert Hotung，华字报一律叫他作"何东爵士"。可见得亡国奴的骨头有的比半亡国奴的还硬一些。

泰戈尔对于印度现状和将来的解释，有以下几个特点：

第一，他信仰印度的失去政治自由，是物腐而后虫生，是印度自身的弱点的暴露；所以要印度自由的人应该以返躬自责，去恶就善之奋勉，代愤懑、怨尤、报复之狂情；应该把眼光放远大，从精神上和社会生活上改造印度。

第二，他信道德的律令应该超于民族的竞存的律令之上，所以用不正当的方法和靠武力去图印度的自由，不但不能得到永久的胜利，而且正犯了西洋人所犯的恶毛病。

第三，他信"道德的律令超于其他一切"的信仰，正是印度的真精神所在；所以凡是印度人都应该用这种精神对内对外。

第四，他信"道德的律令应该超于其他一切"的信仰，不但是印度人主观的想望，也渐渐成为世界上普遍的要求，而且也是客观的真理。

所以只愁印度人因为失望把这个传来的民族理想抛弃了，成了一般西洋化的印度人，不愁印度人如果身体力行，印度会在世界上没有位置。

泰戈尔在京之时，我讲授的宗教通史，正说到犹太教。犹太人这个屡受外族征服的民族，在危急存亡之秋，常常出现武力派、和平派两种不同的主张。我因为要教听讲的人容易明白犹太人中的和平派的精神，常常把这一派的代表者和泰戈尔相比较、相对抗。我尤其注重泰戈尔与耶稣二人相同之处——这一点我现在要在这里发挥。

但是我不能不先对付攻击拿泰戈尔和旁人比较的议论。徐志摩先生在《小说月报》第十四卷第九号里说："有人喜欢……研究他究竟有几分的耶稣教，几分是印度教——这类的比较学也许在性质偏爱的人觉得有意思，但于泰戈尔之为泰戈尔是绝对无所发明的。""自从有了大学教授以来，尤其是美国的教授，学生忙的是比较学——比较宪法学、比较人种学、比较宗教学、比较教育学，比较这样，比较那样，结果他们竟想把最高粹的思想艺术也用比较的方法来研究——我看倒不如来一门比较大学教授学还有趣些。"

徐先生在此奚落一切的比较研究。我却只要点明为什么徐先生发表了这一番话之后，我还敢比较泰戈尔和耶稣。我只要说两句，就是：人类历史里，有许多 Parallels（此处意为相似的），今日印度的泰戈尔与约两千年前犹太的耶稣是一个 Parallel，他们彼此的主张和精神是互相发明的。

他们二人不相同之处，应先得我们的注意：泰戈尔的印度是个大国家——简直是个大洲，而耶稣的犹太是个小得多的地方；泰戈尔的足迹几乎遍天下，而耶稣几乎没有远离过犹太；泰戈尔是个受过高等教育的名门贵族，而耶稣不过是加利利地方的一个木匠之子；泰戈尔精

他信仰印度的失去政治自由,是物腐而后虫生,是印度自身的弱点的暴露,所以要印度自由的人应该以反躬自责,去恶就善之奋勉,代愤懑、怨尤、报复之狂情,应该把眼光放远大,从精神上和社会生活上改造印度。

通印度的古文和英文,耶稣则除 Aramaic(阿拉米语)方言之外,连希伯来文都未必懂,希腊文和拉丁文更不必提;泰戈尔是个大诗人,能创作文学作品表现他的主张、传播他的思想,而耶稣只能用简单的语言和譬喻,和民众讲论他的信仰。他们二人,一个是贵族,一个是平民。

他们相同之处呢?泰戈尔的印度在英国掌握之中,耶稣的犹太在罗马人治权之下;泰戈尔和他的同国人饱尝亡国的苦痛,耶稣和他的同国人亦然;印度有人主张用武力对付英国,犹太也有人要拔刀把罗马人赶掉;信他们祖国历代相传的宗教理想根本上健全,泰戈尔与耶稣初无二致;主张精神自由为真自由,泰戈尔又与耶稣恍如一人;他们俩的民族所感受的痛苦和待决的问题一样;他们俩所拟的(不能博得急进派的同情的）到自由的路也一样；他们俩的时代、国家、智识程度、思想背景尽管不同，但他们的精神是同的。

现在的印度人几乎无智愚贤不肖都要抗拒英国，或以武力，或以不合作。而泰戈尔独冒大不韪，敝舌焦唇，痛责轨外的行动，抗议把正义和道德的律令为民族主义牺牲掉，预言将有道德理想完全实现了的第三世界，劝诱印度人在不讲仁义的世界上勉为有仁有义的人，在民族和国家相吞噬相杀戮之秋，引吭唱"普遍的爱""内心圣洁""与宇宙和谐""处处见神"的高调。我们可以想象得到：从一部分的印度人看去，这是何等的迂、何等的旧、何等的无济于事、何等的又滑稽可悲！

同样，约一千九百年前，犹太人要脱离罗马羁绊的心也到了沸点。假使有一个能得多人敬信的首领起来号召，这个以"圣民"自命的民族之中，必不乏揭竿而起者。这些人固然可以说是犹太人中的政治救国者、国家主义者，但是他们自己更以为是犹太文化和犹太宗教的保护人：没有政治自由的精神自由，是他们所不能想象的。但是犹太文明虽然不是"森林"中孕育的——犹太人虽然因为受"异邦人"糟蹋的回数太多，所以疑惧外国人的心胜过爱外国人的心——犹太却历来有一派提倡无抵抗主义的人。这一派人给犹太民族史和政治史一个宗教的道德的解释：他们把政治不自由当作精神堕落所招的神谴，把精神复兴认作邀民族复兴这个天赏的条件。改革宗教和改革社会生活的事，他们看作是自己应该担当的义务；民族复兴和"异邦人"就范的大事，他们听命于天。将来一定可以到手的政治自由，犹如一颗无价的宝珠；现在不能不争的精神自由，乃是它的代价。前途的希望很大，现在必须忍辱、修德——这是和平派相信的 Message（消息、启示、预言），在一千八百九十多年前又把他重提起来而且以言与行表现之的是耶稣。

在那个全犹太的人莫知所措之时,满腔愤怒之情一触即爆发之时,耶稣借"施洗者约翰"宣传道:"天国就要来了,你们应当悔改!""天国将来"是犹太人最喜欢听的消息,因为他们所谓天国就是犹太复兴、异族就范之谓。但是天国怎样才能实现呢,怎样的人才有入天国的希望呢?由政治救国者、国家主义者看来,天国自然是把外国人的势力推倒,犹太人雄视世界之谓,像先知以赛亚所预言的:"众人都聚集来到你这里,你的众子从远方而来,你的众女儿被怀抱而来,那时你看见就有光荣,你心又跳动,又宽畅,因为大海丰盛的货物必转来归你,列国的财宝也必来归你……外邦人必建筑你的城墙,他们的王必服侍你。你的城门必时常开放,昼夜不关,使人把列国的财物运来归你,并将他们的君王牵引而来。哪一邦哪一国不事奉你就必灭亡,也必全然荒废……素来苦待你的,他的子孙都必屈身来就;藐视你的都要在你脚下跪拜。"(《以赛亚书》第六十章,美国圣经会官话和合译本)由犹太的政治救国者和国家主义者看来,此外无所谓天国;由他们看来,不把不事奉犹太的国灭了,不使苦待和藐视犹太人的外国人战战兢兢地屈身来就他们,在他们的脚下跪拜,犹太的神和犹太的人不显点本事出来把外国人治服,便永远不能有什么天国。这是犹太的政治救国者和国家主义者所谓天国和天国的实现。但是那个宣传"天国将来,你们该悔改"的耶稣所谓天国和天国的实现是怎样一回事呢?如果他的思想和政治救国者的相同或相差不远,耶稣必定受他们的欢迎和尊崇,至少也会得到他们的同情,被他们认为是一个民间的大宣传家;假使耶稣竟因为宣传这种思想遭了外国人或汉奸的毒手,他总该能得到大家的同情。提倡抵抗、提倡奋斗的天国宣传家,无论是否哗众取宠,总会得到生荣死哀。可惜耶稣是个不识时务的人,犹如泰戈尔是个不识时务的人;可惜耶稣甘冒大不韪,在犹太人愤怒躁急的不堪之时,倒高谈起忍受、赦免、温良、和平、爱——犹如泰戈尔甘冒大不韪,在印度人愤怒躁急的不堪之时，在中国人痛恨帝国主义和侵略政策之时，倒高谈起精神自由、道德力战胜体力、智力，第三世界与宇宙和谐、人类一体、绝对的爱。

听呵，耶稣说："虚心的人有福了，因为天国是他们的。哀恸的人有福了，因为他们必得安慰。温柔的人有福了，因为他们必承受土地。饥渴慕义的人有福了，因为他们必得饱足。怜恤人的人有福了，因为他们必蒙怜恤。清心的人有福了，因为他们必得见神。使人和睦的人有福了，因为他们必称为神的儿子。为义受逼迫的人有福了，因为天国是他们的。"（《马太福音》第五章）主张杀异邦人（犹太人所谓异邦人，即中国人所谓夷人或洋鬼子）救国的先生们，或者也肯承认这些仁义道德的老话头，个人可以用来对个人；但是照耶稣那样儿主张普遍适用，岂不减损本国人对外的敌忾，所以他们认为该反对的。

再听啊，耶稣说："只是我告诉你们这听道的人。你们的仇敌要爱他，恨你们的要待他好。咒诅你们的要为他祝福，凌辱你们的要为他祷告。有人打你这边的脸，连那边的脸也由他打。有人夺你的外衣，连里衣也由他拿去。凡求你的就给他，有人夺你的东西去，不用再要回来。你们愿意人怎样待你们，你们也要怎样待人。……你们倒要爱仇敌，也要善待他们。……你们要慈悲，像你们的父慈悲一样。……你们要饶恕人，就必蒙饶恕，你们要给人，就必有给你们的。"（《路加福音》第七章，美国圣经会官话和合译本）那些主张杀异邦人救犹太的志士听了这种极讨厌的话，心里有多么不舒服，我想我们从中国的爱国者听了泰戈尔的演讲所感受的不舒服，可以推想得到几分。在东交民巷里住着的外国公使和兵士，我们也该爱他们吗？大连被人夺去，连小连也送给他们吗？领事裁判权是被夺去的东西，真能"不用再要回来"吗？——中国有一般少年要这样问。

泰戈尔在中国之时，有几位特别热心的人唯恐没觉悟的许多青年上了他的当，所以出几个讨厌的问题给他，使他为难为难。此犹之耶路撒冷的"祭司长和文士"，因为要使一般愚夫愚妇弄明耶稣提倡慈悲和无抵抗的话所含的对外政策，所以"他们打发几个法利赛人和几个希律党人到耶稣那里，要就着他的话陷害他。他们来了就对他说：'夫子，我知道你是诚实的，什么人你都不徇情面，因为你不看人的外貌，乃是诚诚实实传神的道。纳税给该撒（恺撒），可以不可以？'"这自然是极难回答的话：耶稣若说该纳税给该撒，他们就可以加以"亲罗马"的罪名；若说不该纳税，他们就可以加以"叛罗马"的罪名。我不能不佩服想出这难问题的那位聪明人，我不能不说他比政治生活社的人聪明一百倍。

泰戈尔似乎没回答政治生活社在纸面上所问的几条。但法利赛人和希律党人是当面问耶稣的，所以耶稣不能不立刻给他们一个回答。《马太福音》第十二章载曰："耶稣知道他们的假意就对他们说：'你们为什么试探我？拿一个银钱来给我看。'他们就拿了来。耶稣说：'这像和这号（钱上铸的像和号）是谁的？'他们说：'是该撒的。'耶稣说：'该撒的物当归给该撒，神的物当归给神。'他们就很稀奇他。"

耶稣和泰戈尔都是在国家主义盛行之时提倡超国家主义的道德的；都是在众人信武力自卫主义之时提倡爱的；都是在大家讲用全力对付外敌之时，劝人修私德的。所以泰戈尔能对耶稣表同情。

关于基督教的历史，我略为知道一点。我看见上古、中古和近代的大多数西洋人虽然不过是名义上的基督徒，但也有一些人真心去实践爱的道德——所谓"不合理的爱的道德"，不过无论在哪个时代都只有极少数罢了。所以尽管有帝国主义的西洋人因为要利用泰戈尔所以欢迎他，同时也有一部分人是真心欢迎他、佩服他，这部分人把承认耶稣之心来承认泰戈尔，是再自然也没有的事。至于中国人呢，不但对于神学上的基督教怀疑，而且对于耶稣的道德，似乎也怀疑。我不甚懂得这样的中国人为什么欢迎欢送泰戈尔。

反对耶稣，反对泰戈尔的犹太人、中国人、印度人、西洋人，是属于一类的。他们不是"不了解"耶稣或泰戈尔，他们是不了解为什么人受了旁人的欺负不起来抵抗。他们自己在言和行上都明白表示不信爱的道德，而且也劝旁人不要信。他们即使错了，却是一致的。

最可羞的，只怕莫过于那般不一致的人。——口上讲爱手里拿刀那一般的人，和自己用"刀"战胜人却教训旁人用"爱"对待战胜者的那一般人。这样的人尽有，泰戈尔不是不知道的，且看他一九二一年六月由 Darmstadt（达姆施塔特，德国西南部城市）写给他的朋友一封信：

> 有一天，我在柏林遇着英国公使，当谈及德人对我的作品似颇为欣赏的时候，他就表示谢意，希望我能以哲学使他们得到慰安。由英国的眼光看来，我觉得他真是欣喜极了（此句疑有译误之处）。他对我似以为哲学是一种定心药，可镇抚扰扰不宁的德国，使入于睡眠，俾一般战胜者对于他们所得的物质的享受得更加安全，我想他对于灵魂的占领，为他们的上帝□——只努力于保持他本国所获得的他人的东西，他一定是很喜悦。或者他也许正掩袖而笑，以为在这次交易中，他自己的英国人民便是获利者了。咳！任他们笑吧！肥壮吧！愿我们千万保存着不妒忌他们有纯物质的利益的美德。
>
> （《小说月报》第十四卷第十四号，樊仲云译《欧行通信》）

此刻，我因耶稣想到我新近读的一本俄国小说《灰色马》(路卜洵著，郑振铎译，商务印书馆发行）。这里面指点有人用"力"求世界的治安，又有人用"爱"求世界的治安，而且"爱"的一条路是不易走的，

这是诗人泰戈尔创作的一幅大写意的抽象画。从最上面看,它好似一条昂首回头观望的巨龙但是看下边,又像是离开池水的一条闭目待毙的大鱼。这幅画表达了诗人内心中的一个哲学理念:生与死、动与静本属不可分割的一体,也是诸事的两个方面。

是几乎没人敢走到底的,是走它的人几乎都只用一只脚走,而另一只脚却在"力"的路上的,是耶稣所谓"窄路"。以下是此书里面的几节:

>佛尼埃设法从监狱里寄一封信给我们:
>
>"我没有死,这是违背我的心愿的。我离车三步,把炸弹直向车窗抛去。我看见总督的脸。……
>
>"再会,朋友们,我希望你们记着这句话:'我们因此看见上帝的爱:因为他为我们而牺牲生命,我们也应该为后人而牺牲我们的生命。'"

佛尼埃另外写了一封信给我。他写道：

"你会奇怪，怎么我一个常常讲爱的人会决心去杀人，做出违反上帝与人的罪恶。

"我没有选择。如果我有真信徒的纯洁而天真的信仰，那就完全不同了。我知道世界不能用刀枪来救——但须用爱。并且须用爱来统治他。但是我心里感得我没有力量为爱之故而活着，我明白我能够而且应该为爱之故而死。

"我对于我所做的事并不忏悔，但是也不快活。……人类审判我，我可怜他们。但是我必须受神的审判——我坚信着，我的罪过极大，但是耶稣的慈悲也是无限的。

"但是记住：'不爱的人不知上帝，因为上帝就是爱。'"

（以上见中卷一百五十至一百五二页）

耶稣说"不要杀人"，而他的徒弟彼得拔了刀去杀人。耶稣说"人类应相亲爱"，而犹大卖了他。耶稣说"我之来不是来裁判世间，而是来救世间的"，而世间的裁判却加到他身上来。两千年以前，他浴着血在祷告着，而他的众徒却在熟睡。两千年以前，人民给了紫衣他穿，"把他拿去钉在十字架上"。Pilate（彼拉多）说道："我能把你们的王钉在十字架上吗？"但是领袖牧师们□却答道："我们除了凯萨以外没有别的王。"

而现在，彼得还继续地拔他的刀；Annas（亚那）还继续地背了Caiaphas（大祭司该亚法）在裁判人；西蒙之子犹大还继续地陷卖着人。而我们也仍然如古时一样，把耶稣钉在十字架上。

佛尼埃信仰地写道：

世间的被救不以力而以爱——爱要统治世间。然而佛尼埃去杀人。他"已做了反对人类与上帝的最大罪恶"。如果我要有了他的信仰，我必不能去杀人；如果我去杀人，便决不能有他那样的思想。

> 至于享里契呢？他却不为什么谜所苦，他所见的世间，如字母似的简单，一边是奴隶，一边是主人。奴隶起来反抗主人、奴隶起来杀主人是对的。主人杀奴隶是不对的。总有一天奴隶能得到胜利。于是地球便成乐园了：一切人都平等，一切人都有衣食，一切人都得到自由。
>
> （以上见下卷一百九十五至一百九十六页）

反对泰戈尔的中国人之中，总算有几个享里契。

欢迎他的人之中，只怕连半信的不彻底的佛尼埃都不可得。

所以似乎没有"了解"泰戈尔的中国人。

所以泰戈尔在北京尝受着一点被钉在十字架上的苦楚。

五

对以上的几节文字，旁人读了若以为我是写了来对反对泰戈尔的中国人之一部分替他辩护，我的气力算白花了。实在我只要给他一个机会（反对他的人所不肯给他的机会），说出他对于反对者所攻击的主要点之意见。

但是也有欢迎他的人，而且这些人往往怪反对者"不了解"泰戈尔。那么，欢迎者是否真能了解泰戈尔而且能领导我们了解泰戈尔呢？欢迎者为欢迎他所发的议论能否把我们放在了解他的路上呢？这似乎很有商量的余地。

同以前一样，我不是存心要把欢迎他的人一棒打昏过去，然后由我独霸论坛，也不是要替他做辩护士，而是要再给他一点机会（反对他的人所不愿给他的机会，欢迎他的人虽想给他而他不善用的机会），说出他自己要说的话——尤其是要说给他的欢迎者听的话。

总而言之，我要尽我的力使泰戈尔不虚此行，使他能间接地把他从印度带给中国人的 Message（口信）比较痛快一点地说出来。我办不到这一层，不要紧，因为对他有兴趣的人还可以直接看他诗文，或者再把他请回，或者亲往印度去领他的教。

欢迎者之中最有力的一位——徐志摩先生——生怕我们不能领悟泰戈尔的人格及他带来的口信，生怕我们立在一个不合适的地方去看他因而看不清楚，生怕我们用不合用的天秤去称他因而找不出他的真分量，所以在他未到中国之时就给他一个名称，希望我们因之容易观察他。徐志摩先生肯定泰戈尔是个诗人。他说："他（泰戈尔）最初最后只是一个诗人——艺术家如其你愿意——他即使有宗教的或哲理的思想也只是他诗心偶然的流露，绝不为哲学家谈哲学或为宗教家而训宗教的。有人喜欢拿他的思想比这个那个西洋的哲学，以为他是表现东方一部的时代精神与西方合流的；或是研究他究有几分的耶稣教，几分是印度教——这类的比较学也许在兴致偏爱的人觉得有意思，但于泰戈尔之为泰戈尔是绝对无所发明的。"徐先生引了泰戈尔的晨祷文和晚祷文，接着说："这不是最明显的泛神论吗？……回头随即在《吉檀迦利》的诗里，又发现什么 Lia 既不是耶教的，又不是泛神论，结果把一般专好拿封条拿题签来支配一切的，绝对地糊涂住了。他们一看这事不易办，就说泰戈尔是诗人，不是宗教家，也不是专门的哲学家。管他神是一个或是两个或是无数或是没有，诗人的标准，只是诗的境界之真，在一般人看来是不相容纳的冲突（因为他们只见字面），他看来只是一体的谐和（因为他能超文字而悟实在）。"（见《小说月报》第十四卷第九号）

但是我们不必怪徐先生拿诗人这个题签来支配泰氏，因为泰氏自己的确以诗人自居。梁启超先生传达于我们以下几句话："泰戈尔对我们说：他并不是什么宗教家、教育家、哲学家……他只是一个诗人。

悠悠此心

泰戈尔《顶着水罐的女人》

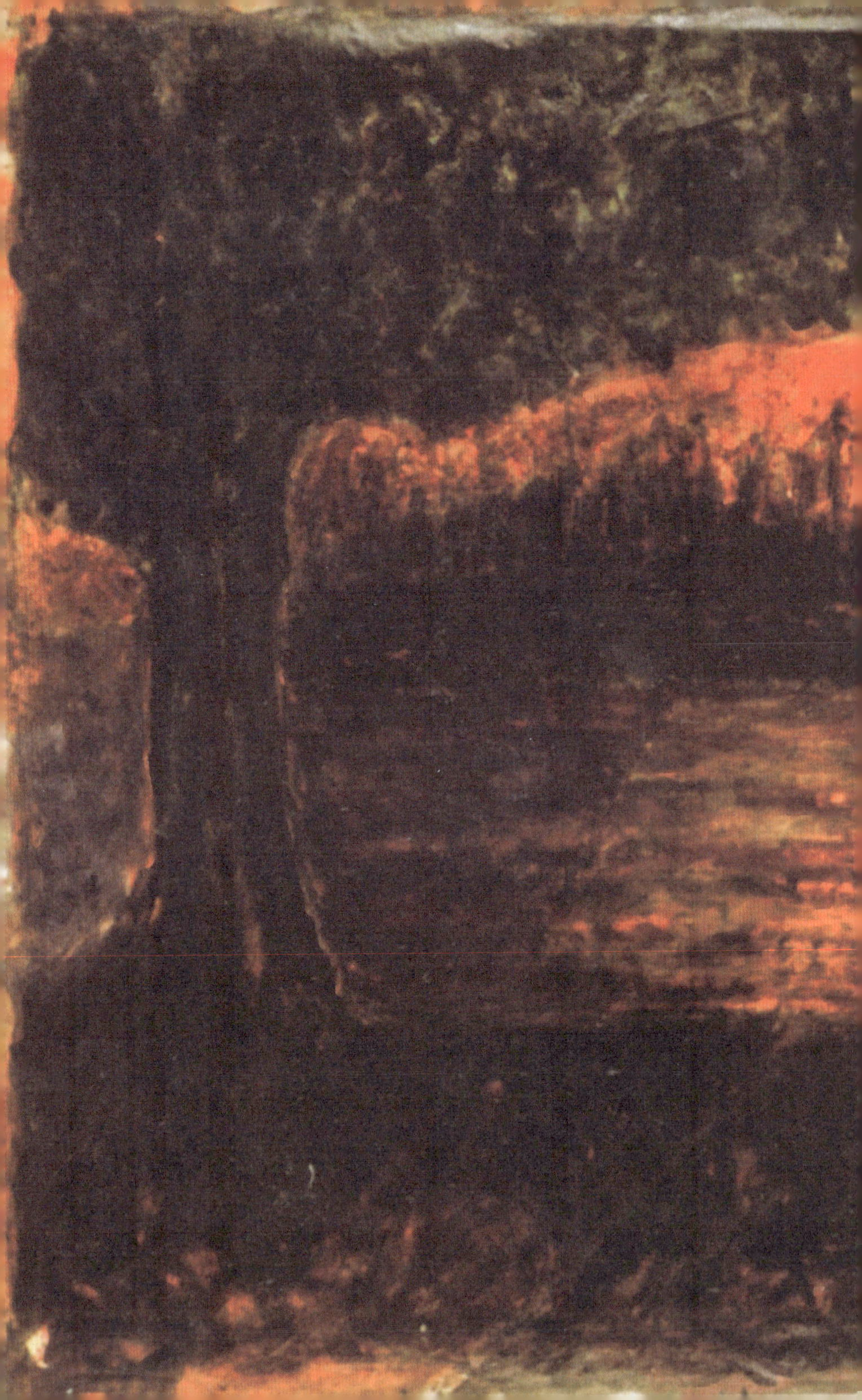

泰戈尔《群山中的湖泊》

泰戈尔《远近山峦》

这话是我们绝对承认的。"(《晨报副镌》五月三日）

于是几乎个个人都随声附和说泰氏是个诗人，真是个诗人。于是乎嘲笑他的吴稚晖先生，劝他"你作诗吧，莫谈他人国家事"；替他说句公道话的止水先生，也劝大家莫把这位诗人的话认真，犹之乎我们不能把"一拳打破黄鹤楼，一脚踢翻鹦鹉洲"这两句话照字面上解释。

我呢，对于"诗人泰戈尔"这个封条，毫无异议，因为这是他老人家手写手封的，而且箧中装的是道地的诗货。诗人这个名称，无法改变，犹如中法关于庚子赔款的条约上写定的"金法郎"，无法改变。要紧的是"金法郎"该怎样解释，中国才不吃亏；诗人该怎样解释，我们才能了解泰戈尔和他要说给我们听的话。我以为，（甲）单说泰氏是诗人不另加解释，已经引起误会；（乙）泰氏的诗与艺术观点，我们还没明白；（丙）诗人泰氏此次所真要说的话，我们被诗人这个封条所误，竟听若无闻，以下逐层谈谈。

（甲）何故称泰戈尔是诗人会引起中国人对于他的误会呢？根本上是因为"诗人"这个名词，正是他在 Personality（泰戈尔著《人格论》）那篇散文里所谓极广泛极易被不相干的人随便取用的名词。

"诗人"之名，在中国真是挂在过厅里的雨衣，而且中国不但有不留心的人，更有专门的小窃。"诗人"这件雨衣，泰戈尔可以穿，陈三立可以穿，溥仪的某老师也可以穿，投一首"情愿为你跌死于昆仑之巅"给《晨报副镌》的，以及《北京日报》副刊上登的"赠某校书"的作者，都可以穿。

而且有些人还不屑穿这件雨衣。中国人似乎向来不特别尊重诗人。高明点的希圣希贤，看破红尘的修佛修理，一般人呢，所盼的是出将入相、光宗耀祖。至于诗人,那可以让不足于言大道的下士或潦倒半生的穷书生去做。功名场里圣贤道上的人,固然也可以作诗,取个乐儿,但是若把吟咏当作正事,岂不等于粉头回家做正夫人,把小狗当马骑上战场?诗是谈谈风花雪月的、发发牢骚的、消遣消遣的、歌功颂德的、怀友的、寄内的、吊古的——无论如何不是成圣之基。圣人不作诗,作诗非圣人,由中国人看来,诗圣是件从来没有过的东西。

中国人这样想:"泰戈尔敢情是个诗人噢!他有好诗念几首,我们不见得不愿意听。此外呢,带他赏赏丁香花,逛逛西山,听听梅兰芳的戏,也是好的,假使他诗兴大发作起自由诗来,说不定我们还要一人和他一首呢。"

只怕要和泰戈尔说"你作诗吧"的人,不止吴稚晖一个。

(乙)可惜的是这般人所谓诗与泰氏所谓诗大不同。泰氏的诗的观念若有人说给他们听,他们必定要大吃一惊。北京有一个吃饭团曾请他讲过这题目一次,如今我要向这个团以外的人代他表白一番。

他在《什么是艺术》一文里,既然是泛论一切艺术,诗歌当然也在内。所以我就引这篇文里的话说明他的诗的观念。

我想,我们是在自然界里活着的人,我们与世界一时一刻脱不了关系。我们有多少种要求便需与大自然界有多少种关系,而且也因为我们主观上各种的要求了悟大自然界有客观的种种方面。第一,我们各是个有机体,要吃要喝,要许多种的安适。这样的我们与自然界接触,总是去拾取它预备妥的东西,或是帮它一点忙使它的供给更丰富,或是防备它使它不能与我们为难。第二,我们又各是个心灵,要知道世界蕴藏的奥妙。这样的我们与世界接触,目的只是找事实而且找出事实后面的原则。第三,我们又各是个自性(或译人格),有爱有恨,有喜怒,有恐惧。这样的我们与自然界接触,便禁不住要表示自己对于外面对象物的反感。第一种要求所给我们的是实用的技术,第二种是理论的科学,第三种是表情的艺术。

第一种肉体的要求把世界看作一个货舱;第二种智识的要求也只把世界看作一个可以供给我们理解的客观对象;第三种情感的要求,才把世界认为是有目的、有意志的一件活东西,而且与有目的、有意志的我们是可以通情谊的。

艺术是表示情感的,我们越尽量表示我们的情感,越能了悟真我是个"常、乐、净"(佛典中术语)的实体,真世界是个"常、乐、净"的无上实体。普通的人,从小到老所忙的是"自存",只要饥寒无忧,几乎万事都了;这样的人很难有闲暇的工夫从容证得官肢、知觉、理性等之外还有个"常、乐、净"的真我,和一切声、香、味、力、形状、运动等之外还有个"常、乐、净"的无上实体,因此他们的生活是营求贪图的生活、扰扰不宁的生活。因此病、老、死求不得,怨憎会、爱别离等都成了他们的无法解除的苦恼。这般人是可怜者,但是不是无法渡过这个苦海,今生就达彼岸的,全世界的人都非证得不可。"文学、艺术、科学、社会、政治、宗教",都是此一大事的方便。为什么文学和艺术是一种方便呢?文学和艺术绝不是要把干燥的事实一五一十地背诵给人听,而是把事实怎样感动我们表现出来。歌唱吧,尽量歌唱吧,歌唱能使你因艺术的创造感受着一种超出利害关系和实用主义的欢喜,使你亲证这个事实的,显然有冲突、苦痛和丑恶的世界,实在是个整个的和谐——是个以创造不停为本性的无上实体的显示。艺术的功用不是泄愤、去牢骚、陶冶性情,或是给人一个虽然美满却是虚伪的想象世界,做我们精神上的世外桃源。否,否,艺术启示我们最后的真理正是我们情感的要求所期望的真理。

泰氏的诗的观念与他的世界观和宗教观是分不开的。如果我们敢把他的前一项观念用几句话表明，我们大概可以这样说：世界就是一首正在作着的大诗，它的作者是个以创造为喜乐的大诗家。我们而能因创造或欣赏诗歌艺术所得的欢喜，亲证一切是他的表现，和我们之中的创造者就是他，则诗歌是我们渡苦海达彼岸的慈航，到自由、无畏、正智之大路。

泰氏诚然以诗人自居，但是他所谓诗人不是歌功颂德的无聊人，不是唱歌逗人笑的鸟儿，不是教训人的道德家，而是人们的一个伴侣，用他的诗歌感动人的心，使人们在家庭、国家、社会、职业之中，处处勇猛无畏，处处得到自由与欢喜，处处亲证世界究竟不是恶的苦的，处处看见美与真理是真实的。泰氏深受欧洲人热烈欢迎之时，曾写信给他的朋友叫苦道："用了这种敬礼来敬礼诗人，委实是不对的，诗人是在人生的筵席中司仪的，他所得的报酬，只就是在一切筵席中都有他的份儿。假如诗人是成功了，他便被认为是人类的永远的伴侣——只是伴侣却不是指导者呀。但要是我被盛名的厄运所捉弄，被他们扛到神坛上去了，于是在人生的筵席里就没有我的座位了。"（《小说月报》第十四卷第十号，《太戈尔传》）中国的诗人自然是"在一切筵席中都有他的份儿"，犹如歌妓在一切筵席中都有她的份儿。

泰氏诚然以诗人自居，但是他并不以为他诗里面所说的是欺人的谎话。

（丙）泰戈尔诚然是诗人，而且有他自己的诗的观念，但是他到中国做什么来的？欢迎他和反对他的诸公之中，有人能回答吗？

他是否为游历而来——是否因为既已游过欧美两大陆和日本，也应到中国来一遭，方可以算是一个世界游历者？不是。

他是否来逛西山、听梅兰芳，或找个什么"千金丽质"，等等，做他的晚年的诗料？也不是。

想必他是来传播他的诗歌和他的艺术观念的吧！只怕也不完全是。

聪明的佛学家插嘴道："我想他一定是来学佛的。"但是佛学家错了。

那么他到底是来做什么的？

我写到这里，心里着实为难：若不把答语写出来，文章作不下去；若写出来必定使很多人害羞，而且不先教他们思索一下就告诉他们，只怕也与最新的教授法不合。踌躇了半天，决计这次不说，留待下回分解。

（录自《晨报副镌》，1924年5月18日、6月4日、6月13日、7月2日。）

有一部分醉心物质文明的人下了无情的逐客令

济人

光明与黑暗,正义与罪恶,决非一派学说几个学者所能造成功的;可是无论何派何家,亦莫不有其相当的价值;所以我向来不绝对地信任任何学派的学说,亦不藐视任何学派的学者。

不幸的我们,处在这个思想混乱、国家衰弱、正在闹着一切饥荒——物质的与精神的——的时代,只是从枪炮坚利的强国来一个"彬彬尔雅"的洋先生,便奢望他定能带着一种神效的"灵丹"来医治我们的神经病与亏损症,因此便染成一种盲目的"欢迎狂"。

过去的几年,曾有人捧出热忱欢迎过杜威、罗素、杜里舒这几位色彩殊异的学者;此次泰戈尔来,亦有"济济多士"依样画了个葫芦;并且还添了一个"阿弥陀佛派"来凑热闹。不过这派欢迎的动机,纯是因为泰戈尔是他们所奉教主释迦牟尼的祖国的人,说不到欢迎泰戈尔的精神与学术。

虽然,欢迎总不能算是一件不道德的行为呵!以海军鸣的英国的罗素,富甲全球的美国的杜威,余威犹存的德国的杜里舒,"不我遐弃,惠然肯来",欢迎,欢送,罗素月刊、杜威五大讲演、杜里舒讲演录,闹了个"不亦乐乎"。此次"国为墟属"的印度诗人太戈尔不知自量地来高攀我们这个堂堂的老大上国，甚嚣尘上，竟有一部分醉心物质文明的人下了无情的"逐客令"，这种剥夺言论自由的怪现象，不出之于没有灵魂的政府，竟出之于神经过敏的知识阶级，真令我百思不得其解！

当我们精神的粮食正在青黄不接之际，大该广收众说，以备参考。假使其说是也，吾人就取其是，以纠正吾之非；假使其说非也，吾人可辨其非以明吾之是。必如此，才是大国民的度量，才是以学术为生命者的正当态度，怎好箝人之口不准出声呢？！精神的番菜，固然更要讲卫生，但是不经详慎的察验，就武断其中必含有毒菌，不许端上饭台，并且连杯盘一齐碰毁并投诸阴沟；这种感情用事的举动，只好让反对者凭自己的理智判断吧！

凡反对一种学说，只当反对其学说的内容（就其内容而驳斥之），不当反对倡此学说者的人格——尤其不当抱着"算账主义"夹上计较利害的机心！"玄学鬼"也罢，"科学魔"也罢，便是铁血主义的俾士麦的游魂也罢，我们都应当以虚心容物的态度、公平无私的眼光，综合地查验其内容，然后举起反对赞许的旗帜，才能免"盲目""鲁莽""不了解"之诮！至极言之：即使其学说没星儿的优点可取，而对于其人的人格，亦该予以相当的敬意……从前专制魔王嬴政曾有过焚书坑儒的残暴行为，我们知道是含有政治作用；大言不惭的韩愈不按佛法的真精神而大辟其佛，至于恨得"人其人、火其书、庐其居"，我们知道这是执门户之见；今之驱逐太戈尔者，有什么比此"过去的幽灵"更正大的理由呢？恐怖吗？怕这"玄学鬼"把我们全国人的灵魂勾引了去？——这不但是"杞人忧天"，适以表示自己没有坚决的意志而已！

（录自《晨报副镌》，1924年5月19日，第4版。）

泰戈尔非哲学家宗教家政治家

陆懋德

余久知印度有泰戈尔之人、泰戈尔之诗，与泰戈尔之思想。余于其著作，虽已浏览数种，而实无暇细读，不过知其个人之意见如是如是而已。泰氏来清华学校小住数日，余仅与谈话一次，并听其演讲一次。今北京欢迎泰氏者有人，反对泰氏者有人。余只就个人对于泰氏之感想，略述于下，以供社会之参考：

泰氏之人物　当泰氏在京，为之"捧场"者大有人在。或呼之为大哲学家，或呼之为大革命家，或呼之为诗圣，或直呼之为圣人。泰氏对余言："余非哲学家，亦非宗教家，亦非政治家，不过为诗人而已。"余观泰氏之谈话及态度，均有诗的（poetic）表现，谓之诗人，诚不为过。吾人于外国诗，无甚研究，是否诗圣，无从判断。泰氏自言未习佛学，而幼年受婆罗门教之熏陶。泰氏又好称上帝及灵魂，则其长年受基督教之影响，又可知也。然则吾人以诗人待遇泰氏，以诗人之言论待遇泰氏之言论，最为合宜。若视之如大哲学家，如大圣人，而就之以解决道德政治各种问题，亦适足引起诗人之"不耐烦"而已。

泰氏之思想　泰氏厌恶物质文明，无可讳言。然此类思想亦东方人固有之思想，在欧美人以为新奇，而在东方人则不必警异。两千年前之老子已先言之。十九世纪之托尔斯泰已先言之。余意吾国人当引泰氏为同调，而不意吾国人之反对泰氏者，正在此点也！试问吾国之物

泰戈尔和徐悲鸿合影

质文明,有何可言?吾国之主张物质文明者,其成绩又如何?今不知自己本非物质文明之国家,而反诟骂厌恶物质文明之人士,不知感受东方人之同情,而反崇拜欧美人之余论。譬如食穷之士,高谈富贵之门,自己虽欲"高攀",其如"高攀不上"何也!

　　泰氏之美感　泰氏最富于审美的感情,此亦诗人之公共的性质。泰氏言"西人有意造美术品,中国人能于无意中使日用之物皆美"。此亦精论,惜为多数人所未解。泰氏又言:"中国无处不美,唯西洋势力所及之地,皆变美为丑。"吾国人试观北京电车公司已拆去旧有之东西牌楼，而将代以西式之西门汀（西门汀，水泥之音译）牌坊，则对于泰氏之说，尚有不表同情者乎？泰氏又爱妇女的友伴。彼言"凡至某处，必受妇女欢迎，方为真受欢迎"。又言："惜年已老，女界中无人愿为友伴。"夫以泰氏之土面雪发，欲得吾国妇女之欢迎，盖非容易。吾闻以"千金丽质"而与泰氏周旋者，仅有一林女士（指林长民女儿林徽因）而已。

泰氏之品格 泰氏之品格，可由其外貌见之。彼着印度小帽，服印度长袍，足踏中国之双脸缎鞋，一见而知其为东方之老学者。清华教授王文显描写其形容，曰："其状高婴，其鬓灰白，其体从容而尊严，其音和平而甜美，其举动不用矫揉造作。"凡此皆为其修养功深之表现。余观泰氏实有一种感人之态度，令人一见而知其性情之冲淡、胸怀之坦白、心地之光明、人格之高尚。与吾因时流政客学者之满口仁爱而心术阴险，满面热诚而手段狡诈者，其态度迥乎不同。或又谓泰氏此来，亦自有一种目的，不过为印度作宣传而已。试问不受他人一钱之助，不惮万里重洋之险，而为本国宣传，在中国能有几人，此亦见其人格之不可及也。

欢迎派之误解 或谓某派闻泰氏为印度革命首领，因欲利用彼鼓吹革命主义。为此说者虽过于滑稽，而颇不乏人。不知泰氏之主张，极为和平，与印度之甘地本非同调。盖甘氏为实行的民党，而泰氏为理想的诗人；甘氏主张与英国不合作，而泰氏主张与英国合作，此其不同之要点。惜泰氏不幸为中国社会所误解，此实泰氏暮年"无妄之灾"也。

反对派之误解 泰氏厌恶物质文明，因厌恶物质文明而反对物质文明，亦自然之理。今之反对泰氏者，即因其反对物质文明。夫当今之世，吾人固不能不采用物质文明之贡献,然所谓物质文明者,亦岂绝对地无可反对之理由?善乎清华教授美人哈杂特之言曰:"吾美人固生长西方文明之内,然西方文明又岂人类独一无二之路乎?"夫泰氏亦非劝人绝对地不用物质文明,不过指出物质文明之弱点,使人知物质文明之外,尚有精神文明之重要而已。前数年,英人罗素在北京,亦常指摘西方文明之弱点,赞美东方文明之优点。今人不反对罗氏而反对泰氏,或谓为"势利之见"使然,"其然,岂其然乎"?

批评 泰氏为诗人,惜余不习英国诗,更不解印度诗,无以测其高深之所在。就其思想言之,如厌恶物质文明,重视精神文明,实亦醉心欧美文化者之"一剂清凉散",英人之谚有之曰:"得一天下而失自己之灵魂,何利之有?"语此实可总括泰氏之学说,然此固不可用狭小的眼光、短期的时间与现在的效果,而评议其高下也。若论其爱国之热诚、高尚之人格、坦白之胸怀、真实之态度,正如刘先生所谓"当求之于古耳,仓促未得其比也"。吾甚愧吾国之思想界尚无其人。余又忆及泰氏在清华有言曰:"余恐今生不能再来。"此语尽流露印度学者之率真口气。使欧美人处此,虽明知不能再来,亦必曰"希望再到此地"矣。

(录自《晨报副镌》,1924年6月3日。)

亚洲两诗人的墨迹

高梧

夫以天下事物之纷纭、意象之孳乳，有感之而不能言、言之而不能尽者。乃独文章得以曲传之，而状其妙曼抑郁，则诗尤其至也。所谓言之不足而长言之者也。方其抒轴藻饰，结心于内，托言于外，适其治理。而节以音律，自然相中，以成宇宙之妙文，则又诗人功力之所独得，有足供吟讽之人之摩挲景仰者矣。

亚洲并世有二诗人，义宁陈散原先生与印度太谷尔先生勋爵也。曩年太谷尔来游，晤陈于湖上。若二人者，语言文字，初不相通，而独于致力于工诗聪明智慧，乃有可通者。好事者请相与摄影唱酬，欣然承之。论文之士，翕然相宗，谓为并世之两雄也。伯严先生，年七十许，弥复健朗，镇日以诗酒自娱，徜徉湖上；太谷尔先生亦高年虬髯，道貌蔼然。而窥两公眉宇之间，似含嗜者甚笃，而即理者甚深，亦因以知其诗之工也。

太谷尔所著多梵文，世界各国，均为移译。夫文字之美，非同事功记载之书，可以重译而致之。读英法文字之作，虽庶几探其宗向寄言之迹，而固不能尽太谷尔之妙谛也。若陈先生之作，稍被声教者，类能道之，其约理入神，超绝蹊径，有卓然者。先生以西江之派名，实则诗通乎天地文心之微，但事其工，派别特宗门法度所存耳。以派限诗，于义隘矣，其造境托意，指事咏物，诗人者特有其天赋之智慧，绝人之识力，别裁之精诣，贯而一之，而后可与于言工。而公固并擅其美矣。且也散原先生，于戊戌之际，力右新政，清议归之，及于国变，则又慨乎前之不能以振起，而后之莫可为挽回也。则益肆其忧患天下之心，于楮墨之间，言婉而讽，音哀以思，而诗境乃愈有变者。太谷尔则亡国之遗黎，黍离麦秀，容已于言，虽文人未得假以事功之力。而其所以为忧愤，乃一一趋之于平淡渊穆之域，言弥隽永，志益激昂，孤诣独抱，亦云尽葛薇之身世矣。虽勋爵之荣，于太谷尔何加？愚窃接两公之绪论，而又获藏其墨宝也，因并摄影揭之，以示世人，亦以励薄俗。俾于鸡虫风雨之世，一洸干戈挞伐之威，而归之于夷闲冲和之诗教，则流风所沫，吟讽低徊者，尝益图有进于兹矣。

（录自《申报》，1925年10月10日第18版。）

若是今天有了志摩，
一定是他第一个高兴（代跋）

陆小曼

谁都想不到今年泰戈尔先生的八十大庆倒由我来提笔庆祝。人事的变迁太幻妙得怕人了。若是今天有了志摩，一定是他第一个高兴。只要看十年前老头儿七十岁的那一年，他在几个月前就坐立不安思念着怎样去庆祝，怎样才能使老头满意，所以他一定要亲自到印度去，而同时环境又使他不能离开上海，直急得搔头抓耳连笔都懒得动，一直到去的问题解决了，才慢慢地安静下来，后来费了几个月的工夫，才从欧洲一直转到印度，见到老头的本人，才算了足心愿。归后他还说，这次总算称了我的心；等他八十岁的时候，请老人家到上海来才好玩呢！谁知一个青年人倒先走在老人的前头去了。

本来我同泰戈尔是很生疏的，他第一次来中国的时候，我还未曾遇见志摩；虽然后来志摩同我认识之后，第一次出国的时候，就同我说此去见着泰戈尔一定要介绍给你，还叫我送一张照片给他；可是我脑子里一点感想也没有。一直到去了见着老人之后，寄来一张字条，

老头儿对我格外地亲近，他一点也没有骄人的气态，我告诉他我家里实在小得不能见人，他反说他愈小愈喜欢，不然他们同胞有的是高厅大厦请他去住，他反要到我家里去吗？

是老人的亲笔；当然除了夸赞几句别无他话，而在志摩信里所说的话，却使我对这位老人发生了奇怪的感想。他说老人家见了我们的相片之后，就将我的为人、脾气、性情都说了一个清清楚楚，好像已见着我的人一样；志摩对于这一点尤其使他钦佩得五体投地，恨不能立刻叫我去见他老人家。同时，他还叫志摩告诉我，一两年后，他一定要亲自来我家，希望能够看见我，叫我早一点预备。自从那时起，我心里才觉得老人家真是一个奇人，文学家而同时又会看相！也许印度人都会一点幻术的吧。

我同志摩结婚后不久,他老人家忽然来了一个电报,说一个月后就要来上海,并且预备在我家下榻。好!这一下可忙坏了我们了;两个人不知道怎么办才对。房子又小;穷书生的家里当然没有富丽堂皇的家具,东看看也不合意,西看看也不称心,简单的楼上楼下也寻不出一间可以给他住的屋子。回绝他,又怕伤了他的美意;接受他,又没有地方安排。一个礼拜过去还是一样都没有预备,只是两个人相对发愁。正在这个时候,电报又来了,第二天的下午船就到上海。这一下可真抓了瞎了,一共三间半屋子,又怕他带的人多,不够住,一时搬家也来不及,结果只好硬着头皮去接了再说。

一到码头,船已经到了。我们只见码头上站满了人,五颜六色的人头,在阳光下耀得我眼睛都觉得发花!我奇怪得直叫起来:怎么今天这儿尽是印度阿三呀!他们来开会吗?志摩说:"你真糊涂,这不是来接老人家的吗?"我这才明白过来,心里不由得暗中发笑,志摩怎么喜欢同印度人交朋友。我心里一向钦佩之心到这时候竟有一点儿不舒服起来,因为我平时最怕看见的是马路上的红头阿三,今天偏要叫我看见这许多的奇形怪状的人,绿沉沉的眼珠了,一个个对着我们两个人直看,看得我躲在志摩的身边连动也不敢动。那时除了害怕,别的一切都忘怀了,连来做什么的都有点糊涂。一直到挤进了人丛,来到船板上,我才喘过一口气来,好像大梦初醒似的,经过船主的招呼,才知道老人家的房间。

志摩是高兴得连跑带跳地一直往前走,简直连身后的我都忘了似的,一直往一间小屋子就钻,我也只好悄悄地跟在后边;一直走进一间小房间,我才看见他正在同一个满头白发的老人握手亲近,我才知道那一定就是他一生最崇拜的老诗人。留心上下地细看,同时心里感着一阵奇特的意味,第一感觉的,就是怎么这个印度人生得一点也不可怕？满脸一点也不带有普通印度人所有的凶恶的目光，脸色也不觉得奇黑，说话的音调更带有一种不可言喻的美，低低的好似出谷的黄莺，在那儿婉转娇啼，笑眯眯地对着我直看。我那时站在那儿好像失掉了知觉，连志摩在旁边给我介绍的话都不听见，也不上前，也不退后，只是直着眼对他看；连志摩在家中教好我的话都忘记说，还是老头儿看出我反常的情形，慢慢地握着我的手细声低气地向我说话。

在船里我们就谈了半天，老头儿对我格外地亲近，他一点也没有骄人的气态，我告诉他我家里实在小得不能见人，他反说他愈小愈喜欢，不然他们同胞有的是高厅大厦请他去住，他反要到我家里去吗？这一下倒使我不能再存丝毫客气的心，只能遵命陪他回到我们的破家。他一看很满意，我们特别为他预备的一间小印度房间他反不要，倒要我们让他睡我们两人睡的破床。他看上了我们那顶有红帐子的床，他说他爱它的异乡风味。他们的起居也同我们一样，并没欧美人特别好洁的样子，什么都很随便。只是早晨起得特别早，五时一定起身了，害得我也不得安睡。他一住一个星期，倒叫我见识不少，每次印度同胞请吃饭，他一定要带我们同去，从未吃过的印度饭，也算吃过几次了，印度的阔人家里也去过了，真有许多不同的地方。同时还要在老头儿休息的时候，陪他带来的书记去玩；那时情况真是说不出的愉快，志摩是更乐得忘其所以，一天到夜跟着老头子转。虽然住的时间不长，可是我们三人的感情因此而更加亲热了。

这个时候志摩才答应他到八十岁的那年一定亲去祝寿。谁知道志摩就在（答应）去的第二年遭难。老头子这时候听到这种霹雳似的恶信，一定不知怎样痛惜的吧。本来也难怪志摩对他老人家特别的敬爱，他对志摩的亲挚也是异乎平常，不用说别的，一年到头的信是不断的。只可惜那许多难以得着的信，都叫我在摩故后全部遗失了，现在想起

· 269 ·

来也还痛惜！因为自得恶耗后，我是一直在迷雾中过日子，一切身外之物连问都不问，不然今天我倒可以拿出不少的纪念品来，现在所存的，就是附印在这里泰戈尔为我们两人所作的一首小诗和那幅名贵的自画像而已。

图书在版编目（CIP）数据

请向黎明借道光：1924泰戈尔中国行 / 子张编；（印）罗宾德罗纳特·泰戈尔等著、绘. -- 北京：北京时代华文书局, 2024.4
ISBN 978-7-5699-5360-2

Ⅰ.①请… Ⅱ.①子…②罗… Ⅲ.①泰戈尔 (Tagore, Rabindranath 1861-1941)—思想评论 Ⅳ.① K833.515.6

中国国家版本馆 CIP 数据核字 (2024) 第 022417 号

QING XIANG LIMING JIE DAO GUANG: 1924 TAIGEER ZHONGGUO XING

出 版 人：陈　涛
项目策划：文汇雅聚
责任编辑：李　兵
特约编辑：许　峰
装帧设计：李树声　陈　辰
责任印制：訾　敬

出版发行：北京时代华文书局 http://www.bjsdsj.com.cn
　　　　　北京市东城区安定门外大街138号皇城国际大厦A座8层
　　　　　邮编：100011　电话：010-64263661　64261528

印　　刷：北京盛通印刷股份有限公司
开　　本：880 mm×1230 mm　1/32　　成品尺寸：145 mm×210 mm
印　　张：9.25　　　　　　　　　　　字　　数：296千字
版　　次：2024年4月第1版　　　　　印　　次：2024年4月第1次印刷
定　　价：59.80元

版权所有，侵权必究
本书如有印刷、装订等质量问题，本社负责调换，电话：010-64267955。